神道の真髄を探る

「幽玄の[illegible]界」

——追補版

恒世
Tsuneyo

風詠社

禊《みそぎ》してみたま鎮めて奥宮の
御前《みまえ》かしこむ忍び手の朝
歌集「わたつみ」から
鹿島神宮提供

鹿島の杜に神さびて鎮まる鹿島神宮奥宮

大洗磯前《いそざき》神社の大神の
みたまのふゆに国安らけく
歌集「わたつみ」から
大洗磯前神社提供

古《いにしえ》の神事《かむごと》を伝える大洗磯前神社 神磯の鳥居

本書、「幽玄の世界」―神道の真髄を探る―追補版は、昭和六十一年五月十五日に発刊された同名の著作を発刊する際に割愛された（断章三篇）と、心霊とその働きに対して科学的考察を加えられた一篇の論文（心霊の実在と心霊科学の曙）を合わせて掲載したものである。

「幽玄の世界」の追補版―発刊によせて

わたつみ友の会会長であられた医学博士・鴨志田恒世先生が「幽玄の世界」―神道の真髄を探る―を著して、すでに三十年余になります。二十一世紀を迎えて、わたつみ友の会も創立してから半世紀を経過しました。時代は昭和から平成に移り、第百二十六代の天皇が御即位されて令和になった今日、世界はもとより、日本社会もまた科学技術の驚異的な発展に伴い、通信網の発達と相俟って嘗てないほど物質的豊かさを謳歌しています。一方で、経済規模が拡大するに伴って益々利害得失のみが強調され、物質的豊かさを追求する傾向が強まり、精神的な豊かさが軽んじられ、人々は孤独になり、不安と焦燥の中に生活を強いられるようになってきています。こうした現状に鑑みますと、我われ日本人は、今一度日本文化の原点、その創成期に立ち返り、自らを振り返り、日本人としての本来の生き方を取り戻すことが今より強く要請されている時代はないと考えます。

既刊「幽玄の世界」本文のまえがきには「紙数の都合もあり原稿を大幅に割愛されたことは極めて残念であるが」と記されていましたが、幸いにもその割愛された原稿が遺されておりました。その原稿は既刊と重複するところもありますが、先生は叡智以上の天与の卓越した精神的能力と慧眼を以て、実在の世界に深く進入されて得られた体験を基に、その実在の世界の実相を許される範囲で、そのまま記されたものです。古事記冒頭の正しい解釈とその意味、高天原の意味について極めて丁寧に言及なされ、実在の神々の体系を紐解かれ、更に我われ人間の運命を掌握して、極めて密接な関係にあるところの産土《うぶすな》の神、守護霊の存在とその職掌に言及なされ、人間なかんずく日本人本来の生き方を強く示唆されているものです。

もとより、日本文化は皇室を中心として、大自然の大法のまにまに、神と自然と人間の調和を具現して来たものです。それが日本文化の特質であることは既に「幽玄の世界」の本文が指摘しているところでありますが、日本文化を知るうえで古事記、日本書紀、古語拾遺などの古典は最も大切なものです。そしてこの断章三篇には、日本人として知っておかなければならない極めて大切な部分が記されております。

そこで今一度、虚心坦懐に日本文化の源泉である日本神道の真髄の一端に触れられ、悠久の時を経てなお、今日まで日本人の心と日本の精神文化の根底を支え続けている神道思想、惟神《かんながら》の道を再認識して、本来の日本人の生き方に立ちかえり、人生をより豊かで自由なものにして頂きたい。更に読者諸氏におかれては、神々と直結する日本人として生まれた事の有難さを実感され、誇りある日本国の建設の為、それぞれの立場において、力を尽くして頂けるよう切に願いながら、ここに「幽玄の世界」の追補版として出版することとした次第です。

「心霊の実在と心霊科学の曙」と表題をつけさせて頂いた一篇の論文については、そもそも心霊という言葉を耳にしますと、心に霊が付いただけで、目に見えない摩訶不思議な世界の存在や、宗教的存在を想起させますが、心霊とは「人間とは何か」、人間の本質を考える上で重要な言葉であり、心や精神その奥に霊魂、魂魄の存在を認め、その働きを表わす言葉なのです。

先生は、巷間いわれるような超能力を求めたり、心霊の世界に深入りしたりすることを厳重に戒められて、ただ心霊の正しい知識を身に付け、その働きをわきまえて日常生活に活かすことを教示されました。

先にも述べたように、現代人は絢爛たる科学技術の発展した世界に住み、全てが科学的というういわゆる認識可能な物質世界に慣れて、科学は万能であるかのような信念を抱いていいます。そうした風潮を戒めるようにカール・ヤスパースは、「科学への迷信が見透かされ超克されなければならない」と指摘し、「科学と計画によって全体としての世界に秩序を与えることが出来ると信じ、実際には与えることが出来ない人生の目標を科学から得ようと期待し、また科学には到達できない全体としての存在の認識を科学に期待してきたのである」(「哲学的信仰」から)と言って、科学万能主義に警鐘を鳴らしています。

しかし、心も目には見えませんが万人がその存在を自覚していますし、科学文明を支える電波も、その存在はつい百年前までは認識の外にあった事を考えれば、既にご承知のように、多くの先人達が、心霊とその働きを科学的に解明しようと多くの困難を乗り越えて努力してきた歴史が存在します。心霊も我われの肉体に宿る心より更に奥深い精神またその働きと捉えて、遠い将来にはそうした心霊現象ないし精神現象も科学的に解明され、人間の本質は目に見えない精神的実体であることを万人が認める時代が到来するに違いありません。

先生は早くから、こうした心霊の働きに対して科学的考察をされておられました。その一篇の論文が遺されていたことから、人間の存在の意味、その本質を考える上で極めて大切なものと考え、それに表題をつけて、合わせて掲載することとしたものです。

注記

一、「幽玄の世界」断章三篇の順序を整えて、読み進めやすいように中見出しをつけた。
一、ルビをふるよう指示された箇所があり、出来るだけ読みにくい漢字、神名等にはルビをふることとした。但し、本文にもあるように、ご神名等に当てられた漢字にこだわると、その意味を取り違えることがあるので注意しなければならないことを明記しておきます。
一、人名等で今となっては、判然としないものがあるがそのまま記載した。
一、科学的知見は日進月歩であるので、執筆当時の知見が現在と異なることがありますが、そのまま記載した。
一、差別語が使われている部分があるが、対象を蔑視するものでないのでそのまま記載した。
一、「心霊の実在と心霊科学の曙」の第四項の「精神身体医学と超心理学」だけ文章が途中で終わっていたため、そのまま記載した。

令和元年六月二十六日

わたつみ友の会広報部

目次

心霊の実在と心霊科学の曙

断章三篇

古代日本の神々——古事記に記された神々——

第一章　地球人類の創成と古事記

日本民族の誕生と新しい神の再発見

古事記は日本神道の原典であり、日本の国民性や文化を知る上で欠くことのできない古典であるが、日本の創成を記したこの古事記を、荒唐無稽の空想の産物であり、単なる夢物語の神話に過ぎないとして、無視する風潮があるのも事実である。

そこで地球創成四十六億年の歴史を概括しておくことが、古事記の深遠な記述をより深く理解する為にも必要であろうかと思われる。

人類の有史以来、我われの遠い祖先は、大空に対する関心を絶えず持ち続けてきた。特に人類が農耕や狩猟を行うようになってからは、それに適した季節の目安として、星の様々な動きが注目されるようになった。例えばエジプト人は、シリウス星の出没によって、ナイル川の洪水を予知したと云われるし、古代中国ではサソリ座の主星アンタレスが真南に来るのを見て、盛夏である事を知ったのである。肉眼で見える星は、地平線より上の約五千個であるが、今や世界最大の望遠鏡では、二十億光年の彼方の天体を捉え、約三十八億個の恒星の存在を認めている。宇宙の広さは百数十億光年といわれ、この銀河系宇宙だけでも恒星の数は約一千億個ということが分っている誠に広大というも愚かな、限り無い宇宙空間なのである。

我われ地球上の人類は、この広大無辺の宇宙の中の一つの恒星である太陽を中心として太陽系宇宙の中に生存しているのは周知の通りであるが、地球の誕生については四十六億年という想像を絶するような遠い昔にさかのぼらなければならない。

この地球の誕生については、灼熱の太陽の子として生まれたという説と、その反対に冷たい星間物質の凝集による原始太陽星雲が母胎であるという説がある。いずれの説をとるにしても地殻と海洋は何十億年もの間に、幾度も幾度も引き裂かれ、寄り集まり、沈下し、隆起し、削られ、堆積して今日の大陸と大洋を形成したと考えられている。

限りない大宇宙の中の地球上に人類が出現したのは、現在の進化論によれば、三十～

二十億年前に海洋の中に発生した単細胞生物から進化し、魚類、両棲類、爬虫類、そして哺乳類となり、人も猿も哺乳類の中に属している。

人と猿との共通の祖先が地上に現われたのは第三紀の時代といわれている。生物の歴史は始生代、古生代、中生代、新生代と四つの時代に区分されているが、我われ霊長類が活動を開始したのは新生代である。六千五百万年前から現在迄の時代である。その時代は造山活動が盛んで、アルプスや、ヒマラヤ山脈や、パミール高原が隆起した時代で、気候も温暖で、顕花植物が裸子植物を圧倒し、鳥類、哺乳類が世界の支配者となっていた。次の時代が第四紀といわれ、今から二百万年前から現在に到る時代であるが、この第四紀になって人類が出現してくる。厳密に言えば、この第四紀の前半百万年が氷河時代であるが、即ち二百万年~五十万年前の地球に原人と呼ばれる原始的な人が住んでいた。

この原人に続くのが旧人でネアンデルタール人と呼ばれ、氷河時代後期の前半に生きた人類であったといえよう。そして、我われと同じような新人ないし化石現生人類が、確実に地上に初めて現れたのは、ヴュルム氷期の最後の寒気が遠ざかってからのことで、現在の人類と殆ど変らない人骨を持ち、脳容量も現代の人類より多い位である。

人類は数百万年もの歴史を持ち、我われと同じホモ・サピエンスが出現してからも数十万年の歳月が経っている。それ以来の人の体は、全体として見た場合殆ど変化がないといえる。だがしかし、これを生活という角度からみれば、極めて重大な変化が起こってきているのである。

狩猟の所定めぬ放浪生活から、やがて定住して食料を生産し、家畜を飼育する安定した生活に入ったのは、僅か約一万年前のことである。

では日本民族の祖先となった人々は、いったい何時頃から日本列島に住みつくようになったのであろうか。今から九千年ないし七千年位前、縄文式文化を伝えた所謂縄文人、更に二千三百年位前から弥生文化を伝えた弥生人、狩猟遊牧を主としていた縄文時代から、定住して農耕生活を始めた弥生時代に移ってゆく。我われの祖先はこの時代に、特に農耕生活に則して五穀の豊穣を司る神を祀り、太陽神を崇拝していた。一元的でかつ多神論的な民族宗教を伝えてきたが、大陸からの漢字の伝来で、日本古来の思想は惟神《かんながら》の道、または神道とよばれ、紀元七一二年に古事記が、八年後に日本書紀が編纂されて、日本の神道思想、文化、民族性などを理解する上で欠く事のできない貴重な古典となったのである。

古事記、日本書紀には、天地の創造から始まり、皇室を中心とする日本国家成立の起源が説かれている。古事記、日本書紀が編纂されてから千三百年、今日、日本全体には八万余の神宮や神社が存在して、日本固有の国民性を培う上で、極めて重大な役割を果たしてきた。

「日本人とユダヤ人」という本の中で、著者のイザヤ・ベンダサンは、日本人は一人のこらず日本教の信者であると述べている。キリスト教徒は日本教のキリスト派にしかすぎず、仏教徒は日本教の仏教派であり、それらはすべて日本化されたキリスト教徒であり仏教徒であって、純粋なキリスト教徒や仏教徒などは一人もいないというのである。

それ位、日本人の心の中には、意識の奥底深く、日本固有の民族思想が浸透しているのである。古事記や日本書紀は、編纂当時よりさらに数千年前に遡る古い祖先の伝承を数多く伝えているから、そこには民俗信仰の発展の姿を読みとることができる。

四方を海に囲まれ、四季の変化に富む山紫水明の国土の中に、自然と神と人間が素晴らしい調和を保って、自然も国土も人間も神より生まれたものとして、自然と人間は一味同根的な関係として認識されてきた。それは自然の中に神を見、人間の中に神性を見るものであった。

日本の神々には、天地創造の神をはじめ、自然を神として祀り、また歴史上の偉大な人間の霊を神として祀ったもの、また外国から渡来された神も祀られている。さらに日本では古来、死後五十年経つと人間の霊魂は神になるという信仰もある。

世界の各民族は、それぞれ天地創造の神を想定している。キリスト教ではエホバの神といい、イスラム教ではアラーの神とよび、中国では天帝と称しているが、日本では古事記の冒頭に記されている天之御中主神《あめのみなかぬしのかみ》である。しかし、キリスト教におけるゴッドと、日本の神はまったく異質で一概には論じられないが、それらは普通の意識状態では目に見えないが、目に見える世界に影響を与える偉力を持った聖なる実体という点では共通している。

これは原始時代の人類の祖先達が直観的に感受し体験してきたものであるが、原始宗教を培った人間の意識の中には、恐怖心や不安も大きく働いていて、そこからくる迷信に支配されている面も決して少なくない。雷や暴風や洪水などの自然現象を神の怒りと考え、病気やさまざまな苦難を、神の冥罰としたり、悪魔の仕業と考えたりしたのである。そこでこれらの危険から生命の安全を守るために、いろいろの呪術が行われるようになってきた。従来、この呪術を宗教と考える向きもあるが、しかし、真の宗教は決して呪術ではない。宗教は人間の真に生きる道を教示し、智慧と力を与えるものである。

叡智の開発のないところには神は存在しないし、真の宗教も存在しないのである。従来の神が、また宗教がいかに素晴らしく見えていようとも、その多くは二十一世紀以後の人類を指導する権威はないといってよかろう。

太古、古代人によって提起された神は、中世において人間の心を捉えたが、近代に至って自然科学の発展とともに否定されたのである。だが科学がさらに進むと、物質構成の根元である原子は、陽子や電子、中性子、中間子などの素粒子からできていること、原子核は（＋）の電気を帯び、電子は（－）の電気を帯びていること、また電子は原子核の一八四〇分の一の重さしかなく、原子核の大きさをリンゴの大きさにたとえれば電子の軌道は地球表面の大きさに相当するもので、原子の世界は実に空々漠々たる空間の世界であることがわかる。これぞまさしく「色即是空」である。

アメリカの原子物理学者ストロンバーグは「電子は物質の世界に属するが、電子をあらしめている重力場は非物質の世界に属するものと思われる」と述べており、物質の本体をどんどん究明していくと、唯物論とは相入れない非物質の世界に遭遇するという結果となってしまったのである。

また人類は一方において、直径約十万光年に亘る銀河系宇宙の膨大な空間と、百数十億年に亘る宇宙創成以来の歴史も理解できるようになってきた。しかし、この宇宙の歴史を更に拡大して、陽子や電子、中間子などの素粒子が一切存在しなかった一千億年ないし一兆年以前の時間、空間を考えてみるなら、バイブルに書かれた「はじめに言葉あり、言葉は神と共にあり、言葉は神なりき、よろずのものこれによらで成りたるはなし、神、光あれといえば光ありき」という言葉も、決して単に未開人の荒唐無稽な言葉として、葬り去ってしまうことのできない、ある真理が込められているものといえよう。

人類文化の発祥の時期に与えられた神の理念は、時代の経過とともに成長し、そして近代自然科学によって一度は否定されたが、原子力時代の今日に至って再び人類の上に神が蘇ろうとしている。

これを弁証法的な正、反、合の理論を適用するならば、現代は正に「合」の時代であり、古代人類に与えられた神（正）とこれに相反する近代科学（反）を融合した新しい神の発見こそが、今日、切実に要請されているのである。

この新しい神の発見のために、我われの遠い祖先が守り受け継いできた古事記の再認識と再評価は、その手がかりとなるに違いない。

第二章　古代日本の神々

「高天原」の意味とは

高天原は、古事記や日本書紀などの古典を読む時には、避けては通れないもっとも大事な問題の一つである。

この高天原については、古来多くの学者や宗教家、神道学者などからも、色々な説がとなえられている。本居宣長などは、古事記が約一千年間、日本の国民にとって伏せられた本であったものを、彼の「古事記伝」によって、やっと世に出て、人々に読まれるようにした功労者である。

古事記で一番古いのは、所謂「真福寺本」といわれ、古事記本来の原本とは違うものであることは周知の通りである。

本居宣長も、高天原という事については、大変苦心をし、色々と考えて、この天空の中に高天原が存在するであろうと考えた一人である。

高天原については、普通は「タカマガハラ」と読まれているが、古事記においては「タカアマハラ」と読めと注釈を施しているように、やはり「タカアマハラ」と読むのが正しいと考えられる。

新井白石などは、この高天原を地上に求めた一人であり、茨城県などにも数か所、たとえば鹿島郡の鹿島神宮の東三キロの所にある高天原、寅吉物語で有名な筑波山、寅吉の神秘な体験を通して、此処こそ高天原であろうとするもの、水戸市郊外の高天原、さらに茨城県の北方、高萩市の高天原など、色々の説があり、さらに他の県にも高天原と称せられる所がある。

しかし、高天原というのは、その第一義的な意味は、決して地上的な存在ではなく、この地上に根拠を求めるのは大変な見当違いであると言わねばならない。

私は古今の文献、自然科学、哲学、宗教など三つの柱を軸として、さらに私自身の精神的修練に基づく体験を通して、独自の全大宇宙観を形成している。

所謂、時間、空間の三次元世界を超越した四次元世界、或はさらに五次元、七次元と多くの次元の異なる世界が厳として存在していることを私は切実に体験しているものである。

我われの認識によれば、古事記の冒頭に書かれている、天地の初めという問題を解明することなしに、高天原という問題の解明には到底至り得ないと信ずる。

そこで、古事記冒頭の「天地《あめつち》の初発《はじめ》」における天地とは、いかなるものであろうか。この天地とは所謂天文学的宇宙における天地ではなくして、我われの認識や体験によれば、この大宇宙の中には、この三次元の世界を超えて、幽界があり、即ち所謂あの世があり、この幽界を更に超越した意味で、所謂使い神のおられる霊界が存在し、さらにその霊界を無限次元超越した意味において、多くの次元の神界が厳存することを確信するのである。

我われは、このような認識と体験において、全大宇宙観を形成しているものであり、そして、これらの理解のためには、時間空間の概念を次元的に切り替えて掛らなければならないが、ここでは全て割愛することにする。

したがって、古事記冒頭における天地とは、前述の全大宇宙観における、神界・霊界・幽界・現界を統合した意味での天地であって、所謂、我われの目に見える天文学的宇宙における天地ではないということを冒頭において認識しておかねば、我われの言わんとする所は、決して理解されるところではない。

そこで、天地という言葉の意味が明瞭になって来たと思われるが、その天地の初発の時とは、どういう時であるのか、この天文学的宇宙の初めではなくして、以上述べたような全大宇宙の初めという意味が、古事記冒頭の初めであることを認識しておかなければならない。

今日の天文学的宇宙観によれば、宇宙は今から約百数十億年前に、所謂ビッグバンといわれる大爆発が起こり、約三十分で宇宙が創成され、宇宙は絶えず成長し、今日、我われの目に触れる大宇宙は青年期にあるといわれる。しかし、これは三次元的な天文学的宇宙に過ぎないのである。

そこでいよいよ、高天原という言葉の解説に触れる段階に来たのであるが、前にも述べたように、古事記にも「タカアマハラ」と読めと注解を施してあるように、高天原はタカアマハラと発音すべきものである。

高天原の高は、高く遠いという意味を含み、同時にこの高には、高木の神という場合と同じく、誉めたたえの意味が含まれているのである。

この高天原というのは、全大宇宙観における、その全大宇宙が第一義的な高天原である。

しかし、古事記や日本書紀や他の古典を読む時に極めて大切なことは、日本の古語には一言多義、つまり一つの言葉に多くの意味が含まれていることを念頭に置いて掛らなければならないということである。

前述の通り、全大宇宙には、神界あり、霊界あり、幽界あり、そして、その写しとしての現界が存在している。

したがって、神界には神界の高天原があり、霊界には霊界の高天原があり、幽界には幽界の高天原があり、現界には三次元的世界の高天原が存在するのである。

そこで、地球における高天原は日本である。日本における高天原は陛下の在《おわ》す場所である。

同じように幽界には幽界を統御される神、神界の大神のご分魂神が司神《つかさのかみ》として存在される。そしてその居館《きょかん》がある。その司神のおられる場所をも高天原という。霊界においては、霊界を統括される司神のおられる居館があり、そこをも同じく高天原という。

したがって、神界における高天原は、神界を統括される主なる大神の在《おわ》す神都を高天原と称するのである。

繰り返し述べるならば、第一義的な高天原とは、全大宇宙であり、また、全大宇宙を統括される天地の主なる大神の在す神都、そこをも高天原と称するのである。これが第一義的な高天原であり、昔、江戸時代の神道学者が、この場所を「天津真北《あまつまきた》の高天原」または「北極紫微宮《ほっきょくしびきゅう》」などと呼んでいるが、これは神界の高天原ではなくて、実際は霊界すなわち神仙界の高天原なのである。

したがって、神界にも多くの次元の神界が存在し、神認識もまた無限次元の存在に亘ることを知らなければ、神界について語る資格は無いし、多くの混乱が起こって来るであろう。

古事記冒頭の天地開闢観と、その解釈と意義

　そこで、「天地の初発の時、高天原に成りませる神の御名は」と古事記冒頭に書かれている「成りませる」とは如何なることであろうか。

「成《な》りませる」と「生《あ》れませる」という言葉の相違について、ここで正しく認識しておかなければならない。冒頭の「成りませる」とは、先ず天地があって、そこに神々がお生まれになられたのではなくて、天地が出現する以前に神々が御出で遊ばされたということなのである。

　天地があって神々が出現したのではなくて、神々がいまして、天地の創り主の大神が御出で遊ばして、この全大宇宙が出現してきた、という意味なのである。

　この全大宇宙の創り主の大神を、我が神道では天之御中主大神《あめのみなかぬしのおおかみ》と申し上げている訳である。したがって、高天原は全大宇宙であり、これを宗教的に神観すれば天之御中主大神となるのである。

したがって、全大宇宙一切は、天之御中主大神の顕現にあらざるはなしということになるのである。ニュートンの言葉ではないが、一粒の砂の中にも宇宙の神秘が込められているというのは、そういう意味である。

「天之御中主大神、次に高御産巣日神《たかみむすび》、次に神産巣日神《かみむすび》。この三柱の神は、みな独り神となりまして身を隠したまいき」と読ませているが、従来、神道学者たちは「独り神となりまして身を隠したまいき」と書かれている。これは大きな誤りであって、「隠り身にましましき」と読まなければ、この古事記の真意は把握できない。

「天之御中主大神、次に高御産巣日神、次に神産巣日神、この三柱の神はみな独り神となりまして」の神々は、所謂造化三神と称せられる神々で、高御産巣日、神産巣日と陰陽二柱に分けて述べられている。産巣日（むすび）の神のむすは「苔むす」とか「息子」とか「むすめ」などの如く、見えないものから生命力によって、形あるものに生成発展していく創造的な生命力を表しており、「むすび」のびは宗教的神秘力を表現する接尾語である。「び」「み」「ひ」は皆同じ意味をもつ接尾語で「くしび」のび、「かみ」

のみ、「たましひ」の「ひ」などは皆これである。したがって、「むすび」という事は宗教的神秘力を意味し、むすびの神とは、創造的神秘力そのものである。

前述のように、高御産巣日神、神産巣日神は陰陽に分かれて、古事記の文脈によれば天之御中主大神の内分《ないぶん》である。

したがって、高御産巣日神、神産巣日神は天之御中主大神のお働きを意味しているものであって、本来は三柱の大神達はご一体なのである。

ところで、これは非常に重大な事柄であると思われるので、もう少し詳しく説明しておきたい。

先に述べたように、天之御中主大神、高御産巣日神、神産巣日神などの大神達は、宇宙における独一の「独り神」であって、我われ現界の人間達から見て隠り身であるばかりでなく、天地八百萬の神達からもまた、隠り身の神達である。

神界の事、神々の事は、人の世の尺度を以てしては、計かり知れない世界であり、飽くまで我われ人間は、神々の世界の事実にのっとり、神々の恩寵によってのみ、その実相の片鱗を伺い知ることが出来るのである。

そこで、天之御中主大神、高御産巣日神、神産巣日神という概念を、地上の我われ人間界に引きずり降ろして考えることは、天意を汚すことを恐れるものであるが、願わくば多くの人々にその一片鱗でも理解されることを念願して、この暴挙を敢えてするものである。

今日の最も基本的な人間学であるといわれる西洋の深層心理学においては、我われの人格を形成する中核は、もはや唯物的な平面的な合理主義の理論によっては立ち入ることの出来ない霊的な領域を持っていることが解明されている。

我われ地上の人類は、おしなべて、この人間としての人格の完成を目指して、地上の文化的な生活を推進し、高い理想を抱き、営々として真・善・美の統合された聖なるものに憧れ、これと一体化するための人類史数百万年の歴史の歩みであったと言っても過言ではない。

そこで、我われ人間の人格の中枢は、前述の通り、霊的領域であって、それは顕在意識と潜在意識とに分かれ、我われが自ら意識する自分とは、全ての意識の約五パーセントにしかすぎず、これは現在意識または顕在意識と呼ばれ、残りの九十五パーセントは潜在意識、その背後に無意識の世界といわれる膨大な心の世界があり、これが宇宙意識と連なって我われの奥深い心の世界を通して、人格を形成していると考えられている。

バイブルには、人は神に似せて創られたと書かれているが、したがって、我われの顕在意識、潜在意識を統合した霊的な人格の中枢を、今かりそめに天之御中主大神にたとえるならば、我われの理性と感情はまた、高御産巣日神、神産巣日神という形において表現することが許されると思う。

普通、人間は地上の生活において、その存在をお互いに認識し合うためには、一番我われの五官に触れやすい肉体的存在を以て、一個人と認識し合うものであって、我われは決してお互いの霊的中枢たる人格同士が直接認識し合うものではない。

だから、現実の三次元的世界の常識を基準に考えるならば、理性と感情は幽なる神であり、それを統合する人格の中枢は、天之御中主大神と同じく幽の幽なる神に置き換えることが出来るであろう。

したがって、理性と感情は、その人の霊的中枢たる人格からすれば、その人の内分に属するものである。

天之御中主大神と高御産巣日神、神産巣日神の関係もまた、幽かにこの関係を垣間見ることが出来るのではなかろうか。

しかし、そこで特に注意しなければならないことは、飽くまで神界の事は、神界の尺度、神界の掟によって測られ、認識されるべきものであって、ゆめ、人間の尺度を以て軽々しく推し測ることは、大変、罪を九天に負うものであることを銘記しなければならない。

ところで、古事記の文脈においては、むすびの神は、二柱の神達だけのように書かれているのは、大変な誤解を生むところであって、実際に実在としての創造神界においては、極めて多くのむすびの神達が在《おわ》すのであって、高御産巣日神、神産巣日神達は、その職掌を二つの系統に分けられたものに対する名称である。

次に古事記においては、「この三柱の神は、みな独り神となりまして、身を隠したまいき」と読ませ、独り神ということは、従来は結婚をしない独身の神というように、日本の神道学者、古来の宗教家達が考えていることは周知の通りであるが、これは大変な誤りである。

この真実を知るためには、神界の実在に触れ、神界の創造の掟を知らなければならない。

独り神とは、従来考えられていたように、結婚をしない独身の神という意味ではなくして、比類のない偉大なる独一の神であるという意味である。

「この三柱の神は独り神なりまして、身を隠したまいき」が誤りであることは、すでに述べた通りで、これは「隠り身にましましき」と読まなければならないのである。

我われは、この世が「現《うつ》し世」であり、現し世に居る我われは「現し身」であるというように、現し世があるように、隠り世、即ち幽り世があり、したがって、「隠り世」に存在する実体が「隠り身」なのである。

古事記や日本書紀が編纂された千三百年前の日本においては、隠り身という言葉が、当時まだ生きていたのである。

身を隠したまいきということは、体が見えなくなった、消滅した、即ち肉体が滅んで死んでいかれたという意味であるが、隠り身というのは、この現し世に姿を顕されない、幽なる世界に実在しています神々であるということである。

したがって、この三柱の神は、「皆独り神となりまして、隠り身にましましき」と読むのが当然であって、この隠り身は、我われ三次元の世界に存在する人間から、隠り身であるばかりでなく、幽界や霊界からも隠り身であり、さらに多くの高い次元に在す神々からも隠り身なのである。

本田親徳翁は、幽の幽なる神と述べているが、この三柱の神達は、無限次元に亘って幽の幽なる神なのである。

我われが実在の世界について仄聞するところによれば、多くの高い神界に在します神々にも、この三柱の大神は、やはり幽なる神でおられるのである。ゆめ、このことを我われ地上の人間は、忘れてはならない極めて大切な問題である。

次に、天之御中主大神、高御産巣日神、神産巣日神などについて、我が国の神道学者や宗教家の間では、これは人智が開発されて後の、後から付加された思想史上の神であるという見解を示している者も少なくないが、これらは神界の実在に触れることのない、極めて皮相な、且つ軽薄な見解と言わねばならない。

事実としての神々の世界には、古事記や日本書紀などをはじめ、日本の古典や世界の神話の中に現われてこられない多くの神々が、多くの次元に亘って実在せられ、高い神格の神々におかれては、未だ嘗て人間界にそのお姿を見せられなかったことはもとより、人間界に関わりを持たぬ、そして人間の存在などご承知ない神々が実在されることを、我われは現実に仄聞しているのである。

古来、日本には十万余の社が存在し、戦後の統廃合により、現在では八万余の社が存在しており、そこには、多くの神々が祀られているが、神界の上位の神を天津神《あまつかみ》、その下位なる神を国津神《くにつかみ》と仮にお呼びすることにする。勿論、断っておくが、これは古事記や日本書紀における天津神、国津神という概念とは異なるものであって、古事記や日本書紀における天津神とは、皇室に縁のある正系の神々のことをいい、国津神とは出雲系統の日本古来の土着の神々を述べているが、上述の通り、ここにいう天津神は神界の上位の神であり、国津神は神界の下位の神々をそう申し上げているだけである。

しかも、日本の八万余の社に祀られている神々の多くは、国津神の世界の中程度以下の神々からの霊線であって、天津神からの霊線は殆ど存在しないことも銘記しておくべきである。

ここで一言しておくと、ここで述べられているむすびの神と、神武以来の「むすびの神が神がかりした」ということが出てくるが、このむすびの神と、ここでいうむすびの神とは全く別個の存在である。神武以後の場合のむすびの神とは、そこの社に祀られている神という意味であって、どんな位の低い神々でも、人間からすれば、むすびの能力即ち創造的生命力というものを遥かに多くお持ちになっておられる。その意味において、その祀られている神々をむすびの神と述べているのである。

よく人間のことを定義して「創られつつ創るもの」などと称しているが、真に創られつつ創るものとは、実在する多くの神々のことであって、人間は決して真の意味においては創造する存在ではない。

次に、古事記の文脈によると、神世七代の最後に、イザナギ、イザナミの神が出現されることが書かれている。この二柱の神が天照大御神の親神様であることは知っている人も多いと思うが、その神のご神名の意味については、あまり知られていないので、ここで私見を述べておきたいと思う。

まず、イザナギ、イザナミの「イ」は命のイ、勢いのイ、勇む、威張るとかいうように、生命力の象徴である。次に、「サ」は、触るとか、妨げるとか、誘うというように充実した生命力が、行動に移そうとする姿を象徴している。

「ナ」は、本来主に対して従、正に対して副、天に対して地という意味を持っている。ここではナとは大地を意味し、地主のことを名主といい、あるいは酒の肴、酒につきものの副食物は、昔は魚が多くとれて、一番簡単に料理が出来たので、酒のナ、即ちサカナという言葉が出来てきたのである。

地震のことをナイフルというが、このナイフルのナもやはり土地のことで、大地のことを表わしている。出雲の神様のオオナモチの神のナも土地を意味するナである。

イザナギのキは男性を意味する言葉であり、イザナミのミは女性を意味する言葉である。

次に、神という言葉について述べてみよう。古事記においては「カミ」とは「隠り身」のことであると述べているが、「カ」とは輝くとか、光のカで、「ミ」は我われの身であり、果物の実であり実体である。本来「カ」という古語の中には神秘な隠れた宗教的力という意味が込められており、「カミ」とは、肉眼には見えないが、光り輝く宗教的な神秘な能力を持つ実体、これを神という。だから光り輝かない神は存在しない。但し、ここにいう光り輝くとは、前述の通り三次元的な意味ではない。古事記においても「カミ」とは、隠り身の義であると述べているが、肉眼では見えないけれども、霊的能力者には光り輝いて見えるものである。また、光り輝かない神は魔物である。事実としての魔界には真っ黒な霊魂や、灰色の兇悪な霊魂達が存在して、それらが現実の人間界に対して虎視眈々として、その機会を捉えては破壊的行動をし、人間の幸福を破るような悪い影響を与えているのである。

よく悪魔とは天使の堕落したものであるといわれるが、天使から愛の光と能力が失われたものが悪魔である。上述のように、それらの霊魂達は兇悪で、破壊的で貪欲であり、更に極めて執念深いものである。邪鬼邪霊は真っ黒であり、あるいは灰色であり、または赤黒い色など様々である。だから神から光のエネルギーを得たいためにもがいているのである。それ故、神の世界がプラスとすれば、悪魔の世界はマイナスの世界である。

さて、ここで神という言葉は、目に見えないものから目に見えるものが出現するという生命発生の原理をも含んでいる言葉である。だから目に見えない世界が先に存在し、そこから目に見えるものが現象として出現し、現象世界は時間的に後であることを意味し、宇宙創造の生成発展の原理をここに述べている。それ故、神とは原理であり、法則であり、光輝く創造生命なのである。創造生命の内分《ないぶん》は愛であり、無から有を生じ、万有に遍在して万物を育む力である。キリスト教に於いては、「神は愛なり」と言っているが、この意味において、この言葉は正しいといえよう。愛は神の内分である。

日本の古語は、たったこの「カミ」という二つの文字で、重大なことを表現している。したがって、これは西洋のゴッドを翻訳した神ではない。中国の神とも違うということ、同時に幅広い、人間であれ、動物であれ、植物であれ、霊的エネルギーを持ち、人間にとって崇拝するに足るものは、すべて神として崇められ、祀られて来たことを日本人は体験的に知っているのである。また日本では自然そのものの背後に霊的な存在を直観して、これを神として崇拝しているのである。本田親徳翁も「神と言えば皆同じくや思うらん鳥なるもあり石なるもあり」と詠んでいる。

さて話を元に戻して、ここでイザナギの神のもつ意味について述べてみよう。

本来は、イザナギはイサナキがなまったものである。イサナキのイサは、現在の言葉の中に残っているイサゴとかイサリ火とかイソという語に表わされるように、海岸を意味する。だからイサナとは海岸の土地の意味で、神界から海岸に降下され、海岸の土地に生命力を育む神秘な力、生命力というのがイザナギの神の意味で、これを陰陽に配してイザナギノカミ、イザナミノカミと呼ぶ訳である。

海岸の所謂、大陸棚と呼ばれる陸に近い海底に、その生命を育む力、それがイザナギ、イザナミの神であるとするならば、ソビエトの世界的に有名な生化学者A・I・オパーリンがその著書「生命の起源」の中で述べていることと同じ結論に達する訳である。

オパーリンは、最初の地上生命の誕生は、大陸棚、即ち海岸から水深が五十メートル前後の緩やかな斜面の所で、太陽光線と水と炭酸ガス、空中の窒素などが化学反応を起こして、所謂、炭素同化作用により、新しい物質が合成され、生命現象の最初の基盤となる蛋白質が出現して来たというのである。

日本の古典は、今日の高度の自然科学を以て解明された自然科学的真理を、神話という形を通して素朴に、端的にかつ優美に、生命発生の機序について、いとも簡単に言い放っている。如何に我が古典が科学的であり、そして二十一世紀を開く生命の秘儀を担っているかということが、この一例からも判ると思うが、古事記は日本国民にとって生命にもかえ難い貴重な予言の書でもある。これは日本人が永年に亘って築き上げてきた日本の叡智であり、二十一世紀以後の日本及び世界人類の運命をも暗示しているのである。

最近、日本の古神道の価値が世界の多くの識者達から熱心に注目されて来ているのは、決して偶然ではなく、また、一時的なブームでもないのである。

イザナギ、イザナミの二柱の神々が天界から舞い降りて、今の日本の淡路島をつくられて、その上に天の御柱を見立て、この柱をめぐって結婚され、そこに国生みの事をされたと古事記に書かれている。

古事記編纂当時の宮廷の修史家達の頭の中には、天地の初めということは、我われが住んでいる三次元の天地ということを思わしめながら、国生みという時、淡路島あたりを想定して描いていたことも事実であるが、そう思わしめられながら、実はその背後において、神秘な幽玄の世界を比喩的、暗示的に表現しているものだということが解らないと、神話の真意が読み取れなくなってしまう。

「天の浮橋に立たして、その沼矛を指し下ろして畫《か》きたまえば、鹽《しお》こをろこをろに畫き鳴《な》して引き上げたまふ時、その矛の末《さき》より垂《しただ》り落つる鹽、累《かさな》り積りて島と成りき。これ淤能碁呂《おのごろ》島なり。」と書かれていることは、現代人の最も不可解とすることの一つであろう。その淤能碁呂島が、淡路島であろうという漠然とした考え方を今日でも持っている神道学者が少なくない。古事記や日本書紀を編纂した修史家達の中にも、そういう意識が存在したことは否めないことである。

しかし、それは現代の天文学的ないし地球物理学的所見によれば、宇宙が百数十億年前から存在し、地球は四十六億年の歴史があることが知られており、この日本列島は、今日の地球物理学的所見によれば、今からおよそ二億三千万年位前に原型が出現し、その後大陸から分離して現在の姿になったといわれている。この島をイザナギ、イザナミの神様達が創られたというのは、どういう意味なのであろうか？

これは、決して何らかの素材をもって淡路島を創られたということではなくして、秩序のない混沌たる状態の地上に、政治的な秩序をもたらしたという意味で、その真意に於いては、天津神のご神格を持たれるイザナギ、イザナミの神達が、その国土統治のために、国魂《くにたま》の神を派遣されたというように解釈すれば無難であろう。本来、天津神のご神格を持たれるイザナギ、イザナミの神達であられるが、肉体化して、この地上にお降りになられると、国津神となられるのである。

ちなみに、国魂の神とは、その土地を小さく区切って、その地域の人間およびそこに関わりある生きとし生けるものを守護されるのが産土《うぶすな》の神であり、この産土の神達を統括して、例えば、常陸の国とか、武蔵の国とかというように、自然界の状態に応じて、その国土を区切り、これらを守護される神が国魂の神である。

前述の通り、地上には古来日本では、常陸の国とか、下総の国とか、武蔵の国とかというように多くの国が区分されて存在したが、神々は地上の地形の実状に合わせられ、山川草木の形状によっては、ほぼ地上の国と同じ領域の霊界を守護されるものである。

これが国魂の神であり、この国魂の神は、またさらに上位の世界の神々の統治に帰属されるのである。そして、いろいろな段階や次元を通過して、太陽神界の主神であらせられる伊勢の大神、即ち天照大御神《あまてらすおおみかみ》が統御し給うもので、最終的には天地創造の大神たる御祖大神《みおやのおおかみ》即ち、我が神道では天之御中主大神の統治に帰属し奉るものである。

そこで、我われ人間にとって、最も重要な神は産土《うぶすな》の神であって、古来産土の神は氏神とか、あるいは鎮守の杜とか呼ばれているが、本来は、産土の神と呼ぶのが正しい呼び方である。

産土の神は神界の上位の神々からご覧になれば、最も下位の神、即ち我われ人間界からすれば、最も人間界に近い神達であられる。したがって、我われの出生地の産土の神は、我われの人生にとって最も重要な関係をもっておられる神であるが、総括して述べれば、我われ個人の一切の運命を掌握されておられるのがこの産土の神である。

しかし、古来、神々の世界は人類にとって伏せられた世界であり、秘密の世界であった故に、幽界、霊界の事、いわんや神々の世界の事は、人間にとって全く知ることを許されない世界であった訳である。従来、神々の世界の事は宗教的天才や、優れた霊的修行者によって断片的にその消息が地上に伝えられているが、それらはあくまでその人達に対する神々からの個人的福音であって、神々の世界の認識は、天意によって人間の世界の認識に入ることを許されなかったのである。

従来の宗教に現われた神々は、その真実を言えば、多かれ少なかれ人間意識の表現であって、人間の想いの神、人間の憧れの神、人間が作り上げた神であって、実在の神とは程遠い存在であったことも、よく改めて認識しておく必要がある。

人間は神々のことを余り安易に弄び、好奇心的、現世利益的な対象としての要請が色濃く存在したことも否めない事実である。

産土の神と、その存在の意義

大分話が本筋からそれたが、それでは産土の神は人間にとってどのようなご存在であるのであろうか。

産土の神のご職掌は先ず第一に、その人の寿命、この世で何歳まで生きることを許されるかということ。第二にどういう理由に於いてその両親の子として、この世に誕生したかの関わり合い、親子の因縁。第三にその兄弟姉妹との因縁。第四にこの地上に於いてどのような能力を附与され、どのような使命を帯びて誕生して来たか。第五にその人の祖先の状態はどのような状態であるのか。第六にその人の前世の状態はどうであるのか、その罪障因縁についての詳細な事実が具体的に記録されている。第七にその人の地上での経済的社会的存在はどの程度許されるのか。

以上、大体のことを述べたが、これを総括して考えれば、およそ人間の運命に関わる一切のことを掌握されているのが産土の神であり、この記録の原本は遠高き○○○○の大神の許に保管されているものであるが、産土の神はそのコピーを所持せられているものである。

俗間、罪障因縁とか罪障因縁の解除とか、安易に言挙げされているが、その実際は、その本人がこの地上における天意に副った生き方を積み重ね、謙虚に陰徳を積む過程に於いて、ご神慮によって、その記録の中から具体的な罪障因縁を抹消することによって、真の罪障因縁の解除に至るものであって、みだりに人間の尺度を以て、かりそめに罪障因縁の解除を期待したり、罪障消滅などと安易に言挙げしたりするが如きは、却って天意に背き、罪を天に重ねることになるということを、切に銘記すべきである。

前述の通り、産土の神について、そのおおよそを述べたが、産土の神に関連して、ここで守護霊のことについて述べておかなければならない順序に立ち至ったと思う。

我われ人間は、肉体を持った地上の生物であるが、人間の実体は肉体ではなく、平面的唯物的な方法では到達できない、霊的な人格の中枢を持っていることは、前に述べた通りである。我われは自由意志を以て、地上の生活を営んでいるように考えているのが普通であるが、我われは原則として一人につき一柱の守護霊によって自らの人生や運命が守られていることは、最近の拙い心霊現象の実験的研究によっても、その実相の一端が世の人々に知られるようになって来た。

いま申し述べたように、原則として一人に一柱の守護霊が守護しておられるが、所謂、多才な人達には、指導霊とか支配霊などと呼ばれている、色々な霊達が関与していることが多い。

心理学においては、人間の心を上位の心と下位の心に分類して、色々な人間の精神現象の解明を行っているが、心理学にいう上位の心とは、所謂、良心であり、その良心は守護霊からささやかれる声なき声なのである。

下位の心とは、所謂、人間の衝動本能に属する心で、動物意識の一端である。また心霊科学において、背後霊という言葉が使われたりするが、この背後霊とは、本来、守護霊の目指し指導される天意に副った進歩向上の方向とは逆に、その人の誤った信念により、人間の下位の心に感応して、守護霊の座を奪い、人間を自己破壊的方向に導き、やがて人生の不幸を齎すような霊達である。

その本人の誤った思想や信念や迷信などを通して、波長相応の理によって、霊的に深い交流を持つようになり、守護霊の職責を妨げ、あたら人生を台無しにしてしまうことが、決して少なくないのである。

地上の人間が守護霊の目指される方向に、謙虚に素直に、良心に従った清純な生活行動を続けるならば、その人の霊的素質は次第に向上し、守護霊と人間との心の波長が一致し、その人の人相は守護霊の相に似て来るようになるものである。決して、守護霊が人間の顔に似て来るのではない。そして、いよいよ人間の霊的波長が守護霊のそれに一致するようになれば、所謂、人格の転換が行われる。仏教者のいう悟りの境地に到達したことになる。

そこで、その人の守護霊は一応の職掌を全う出来たことになり、それによって、守護霊自身は従来より一段高い霊的境遇に、進歩向上を許されるようになるのである。またその本人には、従来より一段高い守護霊が守護されるようになる。

これに引き替え、守護霊の導かれる方向とは逆に、下位の心即ち動物意識の赴くままに心の方向を委ねる人間は、守護霊との心の波長に大きな差異を生じ、その極限に至れば、守護霊と人間との霊的関係が遮断されてしまう。ここで人間は性格破綻を来たし、精神分裂症的現象が出現し、所謂自己破壊的衝動によって暗澹たる人生の末路を迎えねばならなくなるのである。

また、その守護霊は守護霊として本来の職務が遂行出来なかった責任を、神意に基づき、上司の霊達に問われ、守護霊を解任させられて、左遷させられたり、また一段低い位に格下げされたりする。

それから守護霊には、更にその守護霊が存在し、その守護霊の守護霊がまた存在するという形を通して、やがて産土の神に直結されていくのである。

したがって、前にも述べた通り、産土の神は人間の一切の運命を掌握される最高位の守護霊といっても大きな間違いではないと思う。更に産土の神は、その人の出生地の産土の神がその霊魂的に深い関係を持ち、もしその人が職業の故に現住所が変わったり、または女性が結婚して他家へ嫁ぐような場合、当然、産土の神の管轄が変わって来るが、その時は本人がこの現象の世界において、住所が変更する十日以前には、地上の人間が知ると知らざるとに関わらず、産土の神の世界では、次の住所の産土の神へ記録が伝達され、氏子の住所の変更について、神々の世界において礼を尽くされるものである。日本においては、産土の神は、宗教の如何を問わず、信、無信を問わず、学、不学を問わず、有神、無神の如何なる思想にも関わらず、天地の掟としての産土の神の職掌を遂行されるものである。

ちなみに外国に於いては、このような霊的組織は存在せず、中国などに於いては、所謂○○廟という風に祀られている御霊達が、産土の神の代行をされるものである。更に欧米などに於いては、其々の教会を守護する人霊が、産土の神の代行をせしめられているものであり、その守護の人霊は、その教会に歴史的ゆかりのある霊達が選ばれて、その任務に就いていることが多いのである。

また日本に於いては、その人の守護霊となる人達は、その人の祖先の中で特別修行を積んだ人とか、親類縁者のもので比較的性格の良い者を守護霊として、その任務に就かしめられるものである。それは勿論、終極的には産土の神のご神意を体し、上位の霊達の合議によって決められて来るものである。

以上のように、我われ日本の人々は、知ると知らざるとに関わらず、産土の神の恩恵に浴し、肯定、否定とに関わらず、所謂、三次元の世界を超えた見えない世界の恩恵により、地上の生活が営まれており、人間は生まれ変わり、死に変わり、永遠の命を生きながらえ、宇宙に於ける進歩向上の道を辿らしめられる運命を荷っているものである。

凡そ、その人が天意に基づき、素直に謙虚に純粋な心で、所謂、神道学者のいう明き、清き、直き、誠の心を以て、地上の生活を営むならば、人間は真理を会得し幸福な人生を歩む為に、もがき苦しむことは絶対に存在しない筈である。

人間という高い位に於いて、神約として、人間の人格の中枢奥深く宿っている神性が結果自然に発芽し、幾多の我が身の前世の罪障消滅、更にその人の祖先の因縁解除の恩寵のまにまに、霊性の開発即ち、叡智が開発されて、人間は少なくとも実在の産土の神、即ち神々の世界からすれば、最も低い世界に在《おわ》す神々、言い換えれば、人間界からすれば、最も我われ人間に近いご存在である神に、文字通り、面々相対して、実在の産土の神に相まみえ、ご神意を伺うことが出来るように人間は予約されているのである。

更には、高く国魂の神にも相まみえ、親しくご啓示を拝受することが出来るようになっており、また出来ねばならぬ我われ日本人の本来の姿なのである。

この観点より翻って見れば、日本の一億国民の中に、実在の神々に相まみえることが出来る人物が、果たして何人いるであろうか、世界の現状は神に遠いけれども、日本の現状は更に神に遠い。何を以て神国日本と称し、何を以て神州清潔の民と言いうるであろうか。

其れにも拘わらず、前述の如く、我われ日本民族は世界の如何なる国とも異なった精神的霊的荘厳な体系の中で、遠く高く在す神々の恩寵の中に、伝統的日本の霊性を伝承し、この山紫水明の日本列島の中に、まさに優美な、そして特異的な文化形態を出現せしめて来たのである。

将に日本は天上の儀を備えた国である。我われは此のことに深く想いを致し、真の人生の何たるかを考え、人間の生きる意義と価値を沈思黙考する時、この驚くべき天地の真実に直面し、改めて「人間とは何か」という千古の命題に対して、二十一世紀的視野に於いて、我われは無限の喜びと感謝の中に於いて、その真実を発見することが出来るであろう。

神在《いま》すというところに人生の始まりがあり、神に仕えることに人生の営みがあり、その身を以て神の栄光を顕す事、そこに人生の終末があると、我われは心底深くそう考えているものである。これを神第一主義と称し、また生命至上主義と我われは呼んでいるのである。

しかし、神に仕えるとは、特定の宗教や教団に属し、朝夕神仏に手を合わせ、礼拝することを以て足れりとするものではない。真に神に仕える為には、先ず、我われは謙虚に人に仕え、社会に奉仕することから始めなければならないのである。

第三章　古事記における神々の体系と、その意義

さて古事記冒頭の三柱の大神、即ち天之御中主神、高御産巣日神、神産巣日神の三柱の大神が独り神でおられ、隠り身でおられたということは前述の通りであるが、次に古事記の文脈によれば「次に、国稚《くにわか》く、浮き脂の如くして、海月《くらげ》なす漂へる時に、葦牙《あしかび》の如く萌《も》え騰《あが》る物によりて成りませる神の御名は宇摩志阿斯訶備比古遅神《うましあしかびひこじのかみ》、次に天之常《あめのとこ》立神《たちのかみ》。この二柱の神もまた、みな独り神と成りまして、身を隠したまいき。上の件《くだり》の五柱の神は、別《こと》天つ神。」と書かれているが、この文章の「国稚く浮き脂の如くして」と、「海月なす漂へる時」、「葦かびの如く萌えあがるもの」これは天地のはじめの状態について同じことを述べた言葉である。

当時、浮き脂の如くという言葉が存在しており、日本固有の言葉である。くらげが海の中をただよっているような状態、また葦かびとは当時、豊葦原の葦という固有の葦に

限らず、川のほとりに生えていた植物をひろく葦と呼んでいたのである。葦かびの「かび」はつのぐむの「くむ」と同じく、葦の芽がかげろうのもえる春の野に、もえるように大地から角を出して、そこに何とも言い知れぬ生命が発露し、生命感溢れる神秘さを、葦かびの如く萌え上がるものになぞらえて、我われの遠い祖先は表現したのである。

その神秘な現象の背後に存在する、この世ならぬ神秘な生命力を、その神の御名、即ち宇摩志阿斯訶備比古遅神というご神名で称え申し上げているのである。

では、宇摩志阿斯訶備比古遅神とは、一体どのような神であられるのであろうか。うましあしかびの「うまし」は大変結構なというような誉め称えの言葉である。あしかびとは、葦の芽のことである。ひこじの「ひこ」はヒコ、ヒメのひこで、生成発展する生命力を、ひこじの「じ」は宗教的神秘性を表わす言葉であり、したがって、うましあしかびひこじの神とは、大変結構な生命力に溢れた神ということで、これは冒頭に掲げた、天之御中主大神がまさに幽の幽なる、さらにいうならば、無限次元に亘る幽の幽なる神であるのに対して、うましあしかびひこじの神は、この天之御中主大神のもっと具体化した生命力の大神ということを意味し、天之御中主大神の創造生命が発動して、より低次元の世界に顕現されたもので、次元を異にする神である。
したがって、前述の如く具体化し現象界に下降していく現実的力、生命力の表現であり、この神の次の天之常立神が出現せられることが書かれているが、天之常立神のトコタチとは、トキワギ（常盤木）とか、トコヨ（常世）とかいう言葉のトコと同じく、永遠不易というような意味をもたれる神であって、この天之常立神についで、次の神世七代の冒頭の国之常立神《くにのとこたちのかみ》が出現してくるが、宇摩志阿斯訶備比古遅神が天の神界に降臨、展開せられたものが、天之常立神であり、国の神界に出現せられたる大神が国之常立神である。

したがって、天之常立神は天の神界における天之御中主神であり、国之常立神は国の神界における天之御中主神なのである。しかし、天之御中主神と天之常立神、国之常立神とはその神界における次元を異にしていることを、ゆめ忘れてはならない。

古事記には「宇摩志阿斯訶備比古遅神、次に天之常立神、この二柱の神もまた独り神と成りまして、隠り身にましましき」と書かれているが、前述の通り、天之御中主神に対してもっと具現化した生命力の神という表現を前に述べたが、誤解してはならないことは、これは幽の幽なる極めて高い次元の神界における具現化であって、決して地上の三次元的現象界の具現化ではないということである。

　したがって、宇摩志阿斯訶備比古遲神もまた天之常立神も、幽の幽なる神であり、また独り神、即ち独一真神《どくいつのまがみ》であって、この現実界はもとより、国津神の世界にもそのお姿を現わすことのない、幽の幽なる神である。

　しかし、天之御中主神の世界からすれば、幽の顕なる神として、天津神の世界、国津神の幽の顕なる世界に対して、媒介的役割をされる神々であることを理解しなければならない。事実としての神界においては、神界を上、中、下に仮に分類するとすれば、中なる神の世界は上なる神の世界と下なる神の世界の中間にあって、上位の神界と下位の神界の媒介をされる神達がおられることは、事実としての神界の実相である。このことは、降って霊界についても同じことがいえる。上位の霊界と下位の霊界を仲立ちされる中位の神々が、まさに媒介の神々が実在しておられるのである。

　話を元に戻すと、古事記における宇摩志阿斯訶備比古遲神と、次の天之常立神は、前述の通り天地御祖《あめつちみおや》の大神であらせられる天之御中主神の次元を異にしたその世界における天之御中主神の顕現でおられる。この大神のご存在は、国津神でもご承知のない神々が多くおられることを仄聞しているのであるが、我われ人間界から隠り身であることは勿論のこと、人間界から遠高く隠り身でおられる天津神、国津神の世界からも、隠り身でおられる、まさに幽の幽なる神である。それ故に、古事記においては天之御中主神より天之常立神にいたる五柱の大神について「上《かみ》の件《くだり》の五柱の神は別《こと》天津神」というように注釈が加えられているのである。

これは次に述べられる神世七代と区別する意味において、敢えて、古事記の編者たちは注釈をつけているのであり、それもまた当然といわねばならない。

ここで神世七代の神にふれる前に、古事記冒頭から述べられている「天地の初発《はじめ》の時、高天原になりませる神の御名は天之御中主神。次に高御産巣日神。次に神産巣日神。この三柱の神はみな独り神となりまして、隠り身にましましき」と述べられているが、ここでの「次に」という言葉の意味について述べておかなければならない。

ここに述べられている「次に」は、これは決して時間的序列における「次に」ではなくて、論理的表現のための「次に」であって、前にも述べた通り、高御産巣日神と神産巣日神は天之御中主神の内分であられて、この三柱の神はご一体であり、高御産巣日神、神産巣日神は天之御中主神の御働きということであって、これで分るように、ここにおける「次に」は決して時間的序列を述べたものではないことが理解されると思う。

更に、ここで、独り神という言葉は、前にも述べたが、これは男女両性の神に対する独り神というような意味ではなくして、独一の比類なき優れた御能力をお持ちの神という意味である。事実としての神界には、このように独り神とまた両儀に並び存する神々がおられるのである。独り神に対する言葉は二神《ふたがみ》という言葉がある。日本にも方々に何ヶ所か二神山という言葉があるが、ここにおける二神はまさに、独り神に相対する言葉である。

もしこれを、次元を低めて、我われ人間の体にたとえて表現するならば、我われの体の器官の中で、肺臓とか腎臓とか両に相存する器官と、心臓とか胃とか脾臓とか一つしか存在しない器官があるのと同じような意味なのである。これは、神界における創造の発展形式は、いわば生物学における系統樹のようにいろいろな種類の方向への発展形式があり、この独り神、二神という場合、その創造的発展の方程式は違った方程式をもつものであるということを理解しておかなければならない。

更に前の項でも述べておいた、イザナギ、イザナミの神の場合、古来日本の神道学者や宗教家、その他の専門家と称する人達は、イザナギの神、次に妹イザナミの神と書かれているが、これは神世七代のときにいま少し触れなければならぬことであるが、ついでにここで述べておくと、イザナギの神に対して妹《いも》イザナミの神という言葉、イザナミの妹に惑わされて、兄弟の神で兄妹の神が結婚して、神生みをし、国生みをしたように、言挙げしている学者も少なくない。したがって、人間的な尺度において、日本の遠い御祖の神達は近親結婚であり、近親相姦の神達によって、日本の神々や日本の国土が創られたかのように錯覚をしている者達が多いのは、事実にもとること甚だしく、天地の真実を愚かな己の近視眼的視野において創造の原理をもてあそぶものである。

神界における創造の原理として、神界には主なる神と妹なる神という職掌上の位が存するのであって、決して兄妹というような近親結婚、さらに近親相姦というような神々ではないことを、厳に認識を新たにしなければならない。

次に、古事記の文脈によれば、別天津神五柱の大神の後に神世七代のことが記されているが、「次に成りませる神の御名は国之常立神《とこたちのかみ》、次に豊雲野神《とよくものかみ》。この二柱の神もまた独り神と成りまして隠り身にましましき」と書かれている。別天津神五柱の神の時に述べておいたように、宇摩志阿斯訶備比古遅神《うましあしかびひこじのかみ》は産霊《むすび》の神達の直接のご分魂であり、具現神である。したがって、この神々はこの世流に表現すれば、数多く在すのである。

そこで、天之常立神と国之常立神との関係について述べるならば、この常立神達の根元においては同根であり、同格である。天之常立神は天界における宇摩志阿斯訶備比古遅神の顕現であり、ご分魂である。

国之常立神は国津神の世界における宇摩志阿斯訶備比古遅神の顕現神であり、ご分魂である。前述の通り、その根元においてはこの二柱の常立神達は同根で同格であるが、顕現される位において同位ではない。

天之常立神は天津神の世界における宇摩志阿斯訶備比古遅神の顕現神であり、国之常立神は国津神の世界における宇摩志阿斯訶備比古遅神の顕現神であられる訳である。したがって、天津神の世界及び国津神の世界は天之常立神及び国之常立神が在して、はじめてそれぞれの神界が成り立ち、その基礎が万古不易のものになっていくのである。

したがって、神世五柱の別天津神の世界と同じく、独り神であり、隠り身でおられるのである。

これらの神達は、別天津神五柱の神達が超越して内在、内在にして超越され、万物万象に潜在あらせられる幽の幽なる神であるのに対して、この常立神達はそれぞれの神津世における天之御中主大神の御位をもたれ、それぞれの世界に対して主管の神であり、職掌の神ではないのである。

古事記編纂の当時においては、天地の初めという時、この目に見える天文学的宇宙を天地と考えたのも事実であるが、ご神意としては、その背後に無限次元に亘る不可見界の天地の初めを暗示せしめられるものである。したがって、天之御中主大神をはじめ、産霊神達、宇摩志阿斯訶備比古遅神は幽の幽なる神であり、天之常立神、国之常立神などは幽の顕なる神として、一段と我われの現象世界に近い次元に下降顕現せられ、目に見えない世界から目に見える世界が出現してくる生命の原理を、春の野に葦の芽が角ぐむ姿に、この世ならぬ神秘な生命感を感じ、その御名を宇摩志阿斯訶備比古遅神と申し上げたのである。そして、この宇摩志阿斯訶備比古遅神が天の世界、地の世界に顕現せられて、天之常立神となり、国之常立神となられ、前述の通りその世界においては、それらの神々がおのおのもおのもの世界における天之御中主大神と、多くの神々は拝し祀っているのである。

次に、国之常立神の後に、「次に豊雲《とよくも》野《の》神《のかみ》」というご神名があり、この二柱の神もまた独り神で、隠り身でおられたことは、前にも述べた通りであるが、それでは、豊雲野神とは如何なる神であろうか。

豊雲のトヨはおめでたい言葉であり、クモはカビ、クヒ（クイ）と同じく神秘な生命力によってそれが具象化していく、例えば葦芽《あしかび》の葦の芽が角ぐむという場合のくむと同じく、そういう神秘な生命感を表現する言葉であって、古事記や日本書紀を拝読するに当たっては、日本本来の言葉、一字一字の意味が大事であって漢字の意味に捉われてはならないということである。

日本に漢字が輸入されてから、日本の言葉に漢字を導入して、本来の日本の言葉の意味を表現しようと、苦労した跡は十分に窺われるが、漢字の意味は決して日本の古来の意味を十分に表現するものではない。

例えば、日本のカミは、漢字の神で表現されるが、日本の神と中国の神とは似ても似つかぬ存在であり、また西洋文明の到来とともに西洋のゴッドが、漢字の神に翻訳されているが、これもまた日本の神、中国の神とは似ても似つかぬものであることは、すでに周知の通りである。

豊雲野、「とよくもの」の「の」は野原のことを表現し、したがって豊雲野神とは、宇摩志阿斯訶備比古遲神が、産巣日神達のご分魂《ぶんこん》であり、直接のご分魂であり、顕現神であるように、豊雲野神もまた宇摩志阿斯訶備比古遲神の直接の顕現神であり、お働きと考えれば無難であろう。

したがって、この神達は無限の高い次元に在す天地御祖の大神の、神秘極まりないお働きが段々と次元を下降して、少しく現実界に近い次元に顕現せられた神々であって、したがって、天之御中主大神や高御産巣日神、神産巣日神達が幽の幽なる神、いや無限次元に亘る幽の幽なる神であるのに対して、この神達は幽の顕なる神として、我われ人間界に一歩近づかれたご存在なのである。

しかしながら、決して人間なみの、人間の尺度でもって神界のことを推し量ってはならない。飽くまでもこの神達もまた比類なき独一の大神であって、我われ人間界からはもとより、多くの国津神からもまた隠り身で在し、この大神が厳然として在すことを知らぬ国津神達も、多くおられるということを仄聞しているのである。

神界のことは叡智を以て、いな超叡智を以て、霊智を以て、更に神智を以て拝さなければ、その真相は到底理解できるものではなく、人間の位においては、国津神の神界の末端であられる産土の神、さらにその上位の国魂の神の世界までが、人間として幽《かそ》かにその認識を許されている世界の限界であって、それ以上の世界は、全く秘密の世界であるということをゆめ忘れてはならないし、決して人間は神のことを考える時、人間の狭い心の尺度で推し量ってはならないということを、十分に心しておかなければならない。

次に、古事記の文脈によれば、「次に成りませる神の御名は宇比地邇神《うひぢにのかみ》、次に妹《いも》須比智邇神《すひぢにのかみ》。次に角杙神《つのぐひのかみ》、次に妹活杙神《いもいくぐひのかみ》。」と書かれているが、宇比地邇神とはいかなる神であろうか。

宇比地邇の「ウ」は誉めたたえの言葉であり、比地とは土、泥の意味であり、宇比地邇の「ニ」は「あなにやし、えおとこを」の「なに」と同じく敬愛の情を示す言葉である。

したがって、宇比地邇神とは、いわば今でいえばデルタ状の土の生命力、そこから植物が角ぐむ生命感に事寄せて、ご神名として申し上げているのである。

次に、妹須比智邇神と書かれているが、妹とは次にくるイザナギの神、妹イザナミの神と同じく、兄弟における兄妹という意味ではなくて、これは神界における創造の原理に深く根ざしているのであるが、神界における創造は主なる神と従なる神が存在しなければ、創造行為は行われない。したがって、従なる役割を演ぜられる神を妹なる神と申し上げるのである。

そこで、須比智邇神の「ス」は川の流れの中で、水の流れない土の盛り上がった所、即ち洲の場所の土地を「スヒヂ」という。須比智邇の須は宇比地邇のウと同じく敬愛の情を現わしたものである。

したがって、宇比地邇神、須比智邇神達は、豊雲野神が下降顕現されて、国津神の世界の基盤が次第に出来上がっていく状態を意味したものである。

次に、角杙神、次に妹活杙神と書かれているが、角杙の「クヒ」は先ほどの角ぐむ葦芽と同じように、葦の芽がかげろう萌える春の野に、芽を大地から出していく、そこに我われの遠い祖先は、いい知れぬ神秘な生命感を認め、その現象に事寄せて、その生命力をあらしめている神をこう申し上げたのである。

次に妹活杙神、これは活杙の「イク」は生命力そのものであり、クヒもツノグヒのクヒと同じく、生命力が具現化していく姿を、ご神名として申し上げているのである。

次に、古事記においては、「次に意富斗能地神《おおとのぢのかみ》、次に妹大斗乃辨神《いもおおとのべのかみ》、次に於母陀流神《おもだるのかみ》、次に妹阿夜訶志古泥神《いもあやかしこねのかみ》。次に伊耶那岐神《いざなぎのかみ》。次に妹伊耶那美神《いもいざなみのかみ》。」と書かれているが、意富斗能地神とは、「オオ」は勿論誉めたたえの言葉であり「ト」は土を意味し、土地を意味するトであり、大地を意味する日本の古語の流れに、ナとトと二つの言葉があることは既にその道の研究者であれば周知の通りである。例えば、外のト、所のトなどがこのトであり「ナ」は大穴牟遅神《おおなむちのかみ》、少名毘古那神《すくなひこなのかみ》などのご神名や、「ないふる」のナとか、名主のナなども、みなこの土地の意味であり、トよりナの方が日本の古い言葉であると思われる。

意富斗能地の「ヂ」は宇摩志阿斯訶備比古遅神のヂと同じく、宗教的神秘力を意味する接尾語である。

次に妹大斗乃辧神であるが、オオトノベのべは女性を意味する言葉であり、意富斗能地神、妹大斗乃辧神もやはり創造行為における主と従の役割の相違を意味している。ここに至ると、幽の顕なる神として、勿論、国津神の世界であるから大斗乃辧神の場合は男女における女性の意味も含まれている。

次に、於母陀流神、次に妹阿夜訶志古泥神というご神名が出てくるが、於母陀流神とは万葉時代にはまだ生きていた言葉であるが、今は廃語になって使われていないけれども、ご機嫌うるわしく、満面の笑みを湛えておられる神という意味である。

次に、妹阿夜訶志古泥神の「アヤ」はアラとかアアという言葉と同じく、感歎の言葉を意味し、カシコネのカシコは恐れかしこむという意味で、ネは敬愛の情を述べる言葉であって、恐れ多いけれども親しみ深い神という意味が込められており、もはやこの次元においては、段々次元が下降して、この現実界に大変近い次元に下降されて、今流にいえば心眼を以てすれば、この神々のお姿を拝することが出来るような次元まで、具象化してきていることを意味するのである。

次に、神世七代の最後の神として、伊耶那岐神、妹伊耶那美神のことが書かれているが、この神達は、まさにこの世に、初めて肉体化し顕現せられた神達であって、この神達の御魂は、天津神の位を持っておられるが、天津神の特別の御心によるご神意を体して、地上経綸のために肉体化し、地上に顕現せられた神達であって、前にも述べているように、イザナギのイザは、漁火とか磯とかいう言葉のように、磯のこと、海岸のことを意味し、ナは大地を意味し、キは男性を意味する言葉であり、イモイザナミの神のイモは先に述べているように、主なる神に対する従なる神を意味するイモでもあるが、このイザナミの神の場合は、このイモに妻であることの意味も込められているものである。「イザナミ」の「ミ」は、勿論、女性を意味するミである。これについては詳しく述べねばならないが、ここでは割愛しておく。

古事記の文脈によれば、前述の国之常立神から妹伊耶那美神までを、あわせて神世七代というと書かれているが、神世七代が国津神の世界であるのに対して、別天津神五柱の神の世界は、まさに幽の幽なる神であり、神世七代は幽の顕なる世界であって、伊耶那岐、伊耶那美神の神達は、遠高く天津神のご神格を持たれながら、ご神命によりこの現世に肉体化せられた神達であるが、今日では神々の肉体化について、聊か疑心を抱き、抵抗を持たれる文化人が少なくないと思うが、今日にいう所謂、霊魂の物質化現象、物質の霊魂化現象ということを考え合わせれば、この神達が高い御魂でありながら、ある時は肉体化し、ある時は肉体が霊魂化し、顕幽の間を自由に往来せられた偉大なる大神達であることが窺われるのである。

この神達が、イザナギ、イザナミ即ち海岸に遠高き天界より舞い降りて、地上生命の発生を促された大神達であることを考えるならば、前にも述べた通りソ連の生化学者オパーリンがその著書「生命の起源」において述べているように、地上生命は海岸の大陸棚から発生していることを考えるならば、我が古典の素晴らしさが、極めて明快に窺われるであろう。

まさに海岸は地上生命発祥の地であり、イザナウという言葉は誘うという意味であるが、我われが夏の太陽の光の中で大人も子供も天真爛漫に、裸になって海岸にたわむれる姿は、まさに我われ人類が、生命の故郷を求めて童心に返り、生命の根源に憧れる潜在意識的要請の紛れもない事実であることを知ることが出来るのである。

我われはそこにおいて、地上生命の発生の時さながらに、創造行為を通して生命の根源を拝み、生命の故郷に帰りたい、切実な願望を見出すものである。

心霊の実在と心霊科学の曙

一　宗教の意義

宗教という言葉は、英語でレリージョンというが、ドイツ語ではレリーギヨン、ラテン語のレリギオーという語源から出たものであり、レリギオーという言葉は、物事を冷静に観察して、その中から真理を見出して、この真理に奉仕する態度である。

したがって、宗教というのは、絶え間のない新しい自己発見への態度である。これを難しく云えば、仏教でいうところの「己内証《こないしょう》」ということになる。更に、言葉を換えれば、自己否定の生活態度である。しかし、ここにいう自己否定をするということは、己が空しく消え去ってしまうことではなくて、生命の新生を齎すことを期待するところの生活態度と云えよう。

したがって、宗教というものは、人間が此の地上に生きる本来の目的、使命及び、正しい生き方の根本原理を指導するものでなければならない。

ところが、古来、宗教というものが非常に誤解されて来ている。どう誤解されているかというと、普通に考えられている宗教とか、信仰とかいうものと全く逆な方向である。宗教を信ずるということは、宗教のたてまえとして神が存在しなければならない。宗教を信ずることは、その人間が弱い人間であるから、何かに縋らなければいられないところの、所謂、藁をも掴む心理であるかのように考えられているが、これは全く宗教の本質から逸脱したものである。

しかし現実には、その藁をも掴みたい心理の隙間を狙って、所謂、現世利益を表看板にしている宗教団体が、非常に多く存在していることも周知の通りである。率直に云うならば、こういうものは、本来の宗教という概念からすれば、異端者というべきである。しかし、庇《ひさし》を貸して母屋を取られるという言葉があるが、将に今の宗教は、本来の宗教から逸脱して、庇を貸して母屋を取られた状態である。したがって、心ある人々から宗教ということが毛嫌いされる所以も、理由の無いことではないのである。

世界の宗教には、唯一絶対の神を表看板にするキリスト教や、無神論的仏教や、日本の神道のような一元的多神教というようなものもあるが、もっと目を見開いて世界を見渡すと、種々雑多であり、同じ宗教でも、その中で多くの宗派に分かれ、キリスト教なども、世界で二百八十四派に分かれており、仏教も八万四千巻の経典を擁しており、神道も国家神道（十一万の社）、宗派神道十三派に分かれて、非常に複雑に入り混じっているのである。

戦後、マッカーサー司令部の占領政策の一環として、所謂神道指令に基づき、日本政府及び公立機関が宗教行事及び宗教教育を施すことを禁止した為に、宗教宗派への関心及び歪められた宗教観念から脱却した代わりに、宗教教育そのもの及び宗教的情操の育成ということが、全く無関心になったことは重大な欠陥であり、今日の精神的空白の時代を齎すに至り、かえってその宗教的本質への無理解が、戦後の多くの新興宗教の跋扈《ばっこ》跳梁《ちょうりょう》を許す隙を与えた訳である。

ここに一言、特に注意しておきたいことは、宗教的生活とは、何か古臭い、何かかび臭い鋳型の中に自分を閉じ込めて、社会とは全く異なった生活を強いるもののように考えられているが、これは先程も述べて置いたが、宗教の本質とは、もっとも相反したものである。宗教的生活とは、新しい自己発見への弛みない努力の在り方である。真に自己否定が出来た時、はじめて逞しい創造的な新生が期待されるのである。もし、此処で神という言葉が、従来の宗教概念から脱却できない方は、神という言葉を自然、天、あるいは叡智という言葉に置き換えても一向に差支えないところである。即ち、天地の理法に随順する生活態度である。

二　心霊現象と、その歴史的背景

所謂心霊現象の研究が行われるようになって、凡そ百年の年月が過ぎている。一八四八年の春に、アメリカのフォックス家に起こった怪異現象がきっかけとなった訳であるが、それは、フォックス家の屋根裏で、夜中に不気味な何者かが駆け歩くような音がするので、家族の者が何度調べても誰もいないので、皆恐怖心に襲われて、それがだんだん世の中の噂になり、土地の警察なども調査をしても、とうとう原因が分からずに、家族の者は引っ越してしまった。それから五十六年後、幽霊屋敷と呼ばれていたその家の地下室の壁が崩れて、コンクリートに生き埋めにされた白骨死体が発見され、この死者の葬式を済ませたところ、それからこの怪音が無くなったということで、心霊の実在ということが学者の間で真剣に研究されるようになった。アメリカの哲学者、心理学者であるウィリアム・ジェームズ、それからクルックス管の発明で有名なイギリスの物理学者ウィリアム・クルックスなどが中心になり、心霊現象の研究がなされるようになって来た訳である。

その後、心霊現象の研究の本部がイギリスに移り、オリバー・ロッジとか、シャーロック・ホームズで有名な探偵小説作家のコナン・ドイルとか、フランスの天文学者カミーユ・フラマリオンとか、イタリアの精神科医チェザーレ・ロンブロゾーなどが研究に勤しみ、心霊研究所がやがて現在のイギリスの著名な大学に設立されることになった訳である。

日本では、ウィリアム・ジェームズの門下である文学博士で、東京帝国大学の心理学者、福来友吉先生が、心霊現象の研究に精魂を傾けられた訳である。

当時、御船千鶴子という女性が現れ、千里眼が出来ると云い出し、世間の噂が大きくなり、世人を惑わすものとして非難されたが、明治四十三年二月に福来博士等は、初めて御船千鶴子の透視実験を行った。その時は、封筒に入れた名刺をほぼ完全に透視することが出来た。更に四月には五十枚の名刺の中から任意に一枚を抜き取り、錫製の茶壺に入れ、更にこれを木箱に入れ、蓋には紙を貼付けて封印したものを完全に透視したりして、実験を続けていた。そして、学者の中にこれを是認する者が現れ、学会は肯定、否定の二大陣営に分かれた。

そこで同年九月になって、多数の学者を前にして、立ち会い実験が行われたが、透視する対象の封印された鉛管にすり替えがあったとして、新聞紙上で激しく非難され、その中で御船千鶴子は、家庭内の問題及び世間からの色々な投書などにより、心身を消耗してノイローゼになって、服毒自殺（二十四歳）をしてしまった訳である。

そこで、学会の議論は急転直下に結論が出された訳である。即ちあれは「トリック」だった、だから良心の呵責に堪えられず自殺をしたのだということである。それ以来日本では、この種の研究を目して迷信と片付け、一般の心霊現象への関心が薄れて行ったのである。

然し福来教授は、事実は認めなければならないと主張し、この様な大学に奉職することは自分の良心が許さないと言って、半ば追われるようにして教授の地位を去って行ったのである。その後日本では、大正年間に東京本郷の元町に浅野和三郎氏が「日本心霊科学研究会」を設けて、心霊写真、念写などの実験をしていたが、関東大震災の折に焼け出されて、神戸に移り研究を続けた。そこでは余り見るべきものはなかった様である。

また、医学博士の岸一太氏なども心霊写真の研究に熱心であったが、当局の弾圧及び不吉な事件などが連続的に起こり、自然消滅の形を取って来た訳である。然し、欧米等では心霊現象の研究が非常に盛んで、特にイギリス、アメリカ、ドイツ、ブラジルなどでは色々な事実を発表している。

戦後日本においても欧米の研究発表に刺激されて、戦時中、福来博士が仙台に疎開しており、昭和二十七年に亡くなられたのを記念して、白石教授などが中心になり、仙台市の中に福来心理学研究所という心霊研究所を創設して、漸く斯道の研究を始めたのである。これは、科学の分野において日本で最初の研究に乗り出そうという段階に入ってきた訳であるが、能力を持った人材が無くて困っている現状のようである。その他、東京大学の後藤以紀、東京工業大学の板谷松樹、大阪大学の武宮教授なども、この研究に熱心なようである。然し残念なことに、心霊科学の基礎及びその能力を持ち合わせない為に、我われから見ると低級で且つ非常な片手落ちをしているのである。

三　ルルドの奇蹟

ルルドの奇蹟は、一八五八年二月十一日、南フランスのパリから汽車で十時間ばかりのルルドという所で、ベルナデッタという粉屋の娘である十四歳の少女に、聖母マリアが現れて、マリアの命により、川のほとりの洞窟のそばで掘ったその泉の水を飲んだり、顔を洗ったりすると、今まで不治の難病が即座に癒されたという奇蹟的な現象が起こった訳である。

然し、最初は、ベルナデッタは気狂いになったと、その両親にも近所の人にも誤解されたのであるが、次々と奇蹟的な事実が起こるので、世間の噂が高くなり、土地の警察では迷信として、柵を設けて立ち入りを禁止したが、世間の警察に対する非難が大きくなり、当時の皇帝ナポレオン三世は、皇帝の直々の命により、同年十月五日にこの柵を撤去させ、自由に立ち入りを許すようになり、ルルドの奇蹟の名は世界に知れ渡る様になったのである。

一九〇三年、後にノーベル医学・生理学賞を受賞したアレキシス・カレル博士は、当時リヨン大学の研究室にいたのであるが、このルルド近くで汽車に乗り合わせた結核患者を自分で診察して、死ぬより外にないと診断したその患者が、同博士の眼の前でルルドの水を飲んで即座に結核が癒された事実を見て非常に驚き、このレポートをリヨン大学の研究室に送ったところ、彼は気が変になったのではないかと冷笑されたのである。然し彼はそれから人生観に大きな転機を来たし、「人間―この未知なるもの―」とか、「ルルドへの旅」等の本を著して詳しく当時の状況を説明している。また、ルルドの水を科学的に分析してみたが、普通の水と変わりがなかったということである。こうして今日まで百年余りの間に、多くの病が癒されている。

ルルドを訪れて病気が治った人は沢山いるが、その奇蹟の条件を満たすものは非常に少ない訳である。ローマ法王庁では、毎年その氏名を法王庁の新聞に掲載することになっている。

昨年もルルドを訪れた人々は世界中から約三百五十万人と云われているが、この百年余りの間に、奇蹟の条件を充たす治癒帰転を取ったものは、六六人である。以上の様な訳で、奇蹟的に治るのは一年に一人有るか無しかである。

ちなみに、ローマ法王庁の定めた奇蹟の条件というのは、ローマ法王ベネディクト十四世が奇蹟の条件を九つ設けたのであるが、その主なものを挙げると、

一、その病気が確実に存在したこと（専門家の診断により）。

二、その病気は放っておけば死ぬかも知れない、または助かるかも知れないという様な曖昧なものではなく、完全に死ぬより外に道が無いという状態であったこと。

三、以前に医者の治療を受けたことがあっても、その当時医者の治療を受けていなかったこと。

四、治癒は瞬間的であり、生理学的な法則に依らず、部分的でなく全身的で、且つ完全であること。

五、治った状態が少なくとも一年以上継続したもの。

六、治癒の方法は内面的にも外面的にも医学的方法でなく、宗教的方法に依るもの。

大体以上の様なものである。

最近、スペインにも、ルルドの様な霊地が現れて、欧州人の関心を集めていると、NHK報道班が知らせている。カレル博士が主張するように、それがどんなに理解し得ないものであっても、その事実を素直に認めることが科学的態度であろう。人間が、往々にして理解し得ないものを嘲笑するのは、人々は誰でも自分がその中に安住していたいと思う系統的理論を破壊するからである。

四　精神身体医学と超心理学

アメリカのデューク大学超心理学教室に於いては約四十年前から、J・B・ライン教授が、心理学の一分科として、人間の心理の奥に所謂直観能力が存在するという問題に取り組んでいる。生物学者の間に於いては、渡り鳥の帰巣本能について、色々議論されていたが、例えば、雁がちゃんともとの巣に行くこと、伝書鳩が目的地に間違いなく到達すること、犬が五千キロも遠方より帰り着くことなどは、人間の常識的心理よりすれば、大変不可思議な現象である。

五　深層心理学と精神身体医学

近代医学の鼻祖と云われる医聖ヒポクラテスは、草根木皮を噛み分けて、人間の病気を癒す薬草を探し求めたと伝えられている。近代科学の発展に伴い、医学も大きく進歩し、其の医療内容も大いに充実されて来ている訳であるが、病気で悩む人々はなかなか減って行かない様である。

東洋には、古来、伏儀・神農に由来すると云われる、所謂漢方医学があるが、近代医学が浸透するのに随い、色褪せてきた。然し、近代西洋医学も決して万能の救世主ではない。戦後、フランス学派などによって、漢方医学、特に鍼・灸の医学が科学的に非常に優れた根拠を持つことが解明され、この方面に関心を寄せる医学者も多くなって来て、漢方医学も近来返り咲いて来たのである。特に、金沢医大の杉山繁輝教授などは、三十年来の研究に基づき、所謂お灸の経穴と皮膚の生理的疲労点が一致することを電気生理学的に証明して、漢方医学の優秀さを裏付けしている。これは経験的生活の智慧が自然科学的真理と合致したことになる。

然し、近代医学の能力を以て病気を治すことが出来る内科的疾患は、全体の患者の三分の二で、残りの三分の一は、どうしても内科的処置によっては治らないことが報告されている。

そもそも「医学が病気を治す」という為には、次の五つの条件が充たさなければならないことになっている。

一、病原体が確実に判明している。
二、これを純粋培養することが出来る。
三、純粋培養した病原体によって、人工的に病気を起こすことが出来る。
四、人工的に起こした病気を完全に治すことが出来る。
五、この病気を予防することが完全に出来る。

右の条件を充たすことが出来るのは、天然痘とジフテリア等の二、三の病気だけにすぎない。

普通医者や薬が病気を治すものと考えられているが、現代の薬理学は、漢方薬により病気が治る現象を説明出来ていない。病気を治す主体は実に、生体の持つ生命力の自然治癒能力それ自体である。内科的疾患の三分の一が従来の療法により、どうしても治らない現実から、人間の精神が肉体的疾患に及ぼす影響が重視されるようになり、所謂「精神身体医学」が起こって来たのである。カナダのハンス・セリエ教授は、人間の心の歪みが肉体の疾患を引き起こすと発表して、学界に大きな影響を及ぼしたことは有名であり、これが即ち「ストレス学説」である。

日本には昔から「病は気から」という言葉があるが、云わば、この言葉を科学的理論によって裏付けた訳である。

人間の意識は五％の顕在意識と、九十五％の潜在意識とによって成り立っていると云われる。

仏教では五官の外に、末那識《まなしき》、その奥に更に阿頼耶識《あらやしき》、またその奥に無垢識《むくしき》というものが在ると云っている。内界及び外界から与えられた刺激によって、顕在意識が起こるが、やがてこの意識は、潜在意識というより深い意識の層に入り込んで行く訳であるが、これを意識の沈下作用と云う。

我われの意識は時間の経過と共に薄れて、次第に忘れ去ってしまう様になるが、これは意識の沈下作用によることで、顕在意識では忘れ去っている様に見えても、潜在意識の世界にはちゃんと記録されて、意識が消滅してしまうことは無いのである。この潜在意識の世界を研究する学問を、「深層心理学」と云うが、これを最初に科学的に手掛けたのはフロイトで、精神分析による病気の治療を試みた。その後多くの学者が現れて、深層心理の解明も大分進歩してきた。現在では、スイスのC・G・ユングや、アメリカのカール・メニンジャー等は非常に優れた学者である。

この潜在意識が顕在意識に転換されると、記憶が蘇って来る訳である。この潜在意識の世界に歪みがあると、記憶や判断力が低下して、精神が肉体を支配する機能が減退して、精神的・肉体的な疾患が現れて来る。

九州大学医学部の心療内科を担当している池見酉次郎教授などは、内科的疾患の三分の一が、どうしても内科的療法では治らない事実を経験して、精神と肉体的疾患の関係に注目した一人であるが、その壁を破る試みとして、日本で最初の心療内科を創設して、この方面の研究に尽力され、相当の成果を挙げている。初めは、同僚などからも大分白眼視されていたが、近来は大分理解者が増えて来たと喜んでいる。然し、真の理解者は日本人より外国人の中に多いと云って、少々嘆いている。

池見教授などの実験によると、蕁麻疹などのアレルギー疾患が、深層心理の歪みから起こること、また、断腸の思い等と云うが、激しい怒りの時に、小腸が所々くびれてちぎれそうになっているのを、レントゲン像により確認している。それから、同じ人に強い精神的緊張の暗示を与えた場合とそうでない場合に分けて血液を採り、その中でそれぞれ大腸菌を培養すると、前者の時の方が遥かに菌の発育が早いという結果が出ている。また、愛情の歪みから足に機能的障害が出た子供等のことも発表している。

また、アメリカのカール・メニンジャーなどは、小学五年生と三年生の子供が、父親の書斎から猟銃を持ち出して遊んでいるうちに、兄の方が誤って銃を暴発させて、弟の眼を打ち抜いて失明させた事故を挙げているが、これ等は普通一般には、世間で見られる過失の事故の様に見られるが、同教授の精神分析により、弟だけが両親から愛されることに嫉妬した兄が、嘗て弟など死んでしまえば良いと考えた意識が、潜在意識に沈下していて、機会を得て頭を持ち上げて、顕在意識的には過失の事故という形で、潜在意識の目的を果たしたことが明らかにされている。

このように潜在意識に沈下した意識の力は、一見不可思議な現象を惹き起こすものである。ストレスの解消、即ち潜在意識の浄化統一ということが、極めて重要な意義を持つ所以である。

生理学的に云うと、近代人は理性の座をなす表面の新しい脳、即ち百四十億の神経細胞から成る大脳皮質だけが発達して、その下部にある古い脳、即ち直観的能力の座の開発が放置されて、退化しつつあるのである。

六　心霊主義（思想）の基礎と、その科学的研究

心霊主義（スピリチュアリズム）というのは、霊の世界があると信ずる思想と考えて結構である。

一般に幽霊と称されるものによって起こる現象を、心霊現象と云う。心霊現象には、大体二通りあり、心理的な場合と、物理的な場合である。

心理的な主観的な場合とは、所謂霊感とか、虫の知らせというもので、五官以外の方法によって認知されるもの、例えば、（イ）直観・霊視＝霊の世界が見えること、（ロ）霊聴＝耳に聞こえるもので「天の声」など、（ハ）自動書記＝持つ筆がひとりでに動いて、文字を書くことなどである。

物理的な客観的なものとは、（イ）物品引き寄せ＝遠方にあるものを瞬時に取り寄せること、（ロ）物質化現象＝種も仕掛けも無く、物質が出現すること、（ハ）物質移動＝置いてある物が、ひとりでに動き出すこと、（ニ）叩音＝コツコツと叩く音が聞こえる

こと、（ホ）念写＝霊視したものを写真に撮ること、などである。

自分の考えを相手に知らせることを、思念伝達（ソート・トランスフェアレンス）、遠方の人と観念的に通信することを精神交感現象（テレパシー）、除霊や祈念によって、病気や災厄を解除することを心霊治療（スピリチュアル・ヒーリング）、それを直接病人の前でなく、遠方の人々を治療することを遠隔治療（ディスタント・ヒーリング）と云っている。

心霊現象に於いて、未だ死んだことを悟らず、魂魄がこの世に留まったり、死んで真っ逆さまに地獄に落ちたものを総称して、一般に亡霊と云い、その中には完全な悪霊（エビル・スピリット）や、土地に執着を持って固定している地縛霊（アース・バウンド・スピリット）など、多数ある。また、その様な未だ浄化されていない浮遊霊（彷徨っている死霊）や、悪霊が現界人に憑くことを憑依（ポゼッション）と云い、その霊魂を憑依霊と云う。

心霊思想では、人間は前世（生れ変わりのこと、輪廻ともいう）が在ることを前提として、その前世の祖先霊のことを守護霊（ガーディアン・スピリット）と云い、これは原則として、現界人一人に対して一柱であり、人間が地上生活を営む場合、それぞれの本人の活動分野に於いて、これを幽界から指導したり、援助したりするものを指導霊（ガイディング・スピリット）と云い、これは現界人一人に対して、数柱に達することもある。これを補助霊と呼んでいる人もいる。我が国では、これらを総称して背後霊（アテンダント・スピリット）とも呼んでいる。

心霊現象の一般的なものは幽霊であり、もともと心霊思想は、この心霊現象から起こっている。最近の心霊ブームにより、科学的手段によって霊魂の存在を認知しようとする試みが盛んになされており、これを心霊科学と称している。心霊思想は、一応理論的な心理的な方面に於いて、心霊現象を定義しているのであるが、心霊科学は、これを具体的、且つ物理的な立場に立って、研究しようというものである。

心霊科学の進歩に伴い、霊魂の実在を認めようとする人々は、今後増えて行くことと思われるが、霊魂の存在の研究は極めて困難な問題である。それは心霊現象を現わす、所謂幽霊というものは、大抵低級な亡霊であり、高級な霊魂は人間界に出て来ることを望まないからである。それは霊界の法則によって、高級な霊界の霊魂が肉体を持った地上の人間に触れると、波長相応の原理により、彼らの霊魂が汚されることを大変嫌うからである。したがって、心霊現象を現わす亡霊の立場になって見れば、面白半分、興味半分で現れて来るものではなく、よほどの執念の為に、現界に現れて来るのであり、また、霊魂がこの現界に物理的現象を起こすことは、並大抵の努力ではないのである。つまり極めて真剣であり、あらゆる困難を克服して来るのである。それを実験的に研究の為とはいえ、モルモットの如くに学問の対象として扱うことは、甚だ失礼でもあるし、冒涜でもある。従来の少なからぬ心霊現象の研究において、急死、病気、その他の事件が続発して、研究を中途半端にして放棄しなければならない事例が多かったのも、この理由に基づくものである。医学博士の岸一太氏の場合もこの一例であろう。故に、純粋の学問的対象とは成り得ないのである。

では何の為に心霊研究を行うかと云うと、我われの実際の日常生活にそれを活かして、より正しく、より豊かに生きるためであるが、科学の著しく進歩した今日では、一般人はなかなか科学的に説明のつき難いものは信じない。ところが科学自体がまだまだ不完全であるということよりも、科学の素晴らしい発達だけが頭に有る為に、科学で割り切れないものは皆、「古い時代の錯誤」と考えてしまう。むしろ、近代の科学者の多くは、それを打ち消すことによって、真の科学者たることを自負している訳である。日本は、おそらく世界で一番、心霊現象の多い国であると共に、世界で最も心霊知識の低い国でもあろう。本来ならば、東洋の「日出ずる国」に於いて、世界の心霊思想は昂揚されなければならないが、残念ながら現実の状態は、前述の通りである。

現在の欧米では、霊魂の実在は常識化されているので、我われが日本で議論するように「霊が果たして、本当に在るのか、無いのか」などと質問したとすると、それこそ笑われてしまう。凡そ欧米に比べて、その知識も科学的研究も三十年遅れているといわれている。つまり日本では、心霊現象と心霊思想の間に相当の遅れがある訳である。このズレを現代の日本人は、宗教か科学かいずれかに持って行こうとしているので、そこに一つの矛盾が生じることになる。これは現代思想の歪みを表わしているものと言えよう。反対に正しい心霊思想の普及によって、その歪みを矯正することが出来ると言えよう。

心霊科学の基礎は「人間とは何か」から出発している。心霊科学では人間の本質は身体即ち肉体（フィジカル・ボディー）、心即ち精神（メンタル・ボディー）及び魂即ち幽体（アストラル・ボディー）の三つから成ると定義している。肉体の構成は、原形質（ゾル及びゲルの状態）、精神は顕在意識（脳脊髄神経）、魂即ち幽体は潜在意識（自律神経）がこれを司る。精神の中枢は勿論脳髄であって頭部、霊の中心は腹部の太陽神経叢にあり、これを大脳に対して腹脳（アブドミナル・ブレイン）と呼んでいる。身体・心・魂（霊）の中、現界の人間生活に最も重要な役割を果たしているのは、心即ち顕在意識であるが、生命そのものにとって一番根本的なものは、魂即ち潜在意識である。

潜在意識は実に偉大な力を持っている。生命自体にとって大脳（心）よりも腹脳（霊）の方が大切であるということは、かの無脊椎動物が脳髄なしで立派に生きている事実を見ても、分かることである。彼等には我われの脳神経に相当するものがなく、ただ散漫神経という、我われの自律神経に当たるものが僅かに具わっているにすぎないけれども、彼らは立派に生存し続け、しかも万物の霊長と云われる人間のような病気というものを知らない。彼等の方が遥かに天の摂理にかなった生き方をしている訳である。

心霊現象の科学的研究の目的は、霊界の実在と霊魂の存在を客観的に証明する為である。それを証明することによって、人々が心霊現象を認め、心霊思想を肯定し、ひいてはそれによって日常生活を心身共に、いやが上にも豊かにするからである。

ここに一言申しておきたいことは、心霊思想と宗教との関係である。

あの世の存在を認めることを以て、宗教であると考えている人が非常に多くいるが、これは宗教の本筋を逸脱したものである。また「目に見えない世界の住人が、常に人間より精神的高次元者であるという原則、またその説示に必ず従わなければならないという原則」は、現幽両界を通じて絶対に存在しない。

また、あの世の研究に夢中になっていると、それらの亡霊達との感応が極めて濃厚になり、死後も半永久的に離れることが出来なくなり、暗黒の世界を六道輪廻しなければならなくなる。この点をよほど心して肝に銘じておくべきである。

それは丁度、動物心理学の研究に夢中になり、犬や猫や鼠などの動物心理をいくら研究しても、高級な人間心理の科学心や、芸術心や、宗教心などの解明の決め手にならないのと全く同様である。

私どもがあの世の状況について必要最小限の知識しか明らかにしない理由も、こういう親切心から出ているのである。あの世の存在があることを認める縁《よすが》としての知識さえあれば、俗人は決して深入りすべきでは無いのである。諺にも「生兵法は大ケガのもと」とか、「ミイラ取りがミイラになる」という言葉がある。

七　現代科学の限界より見た現象世界

宇宙の森羅万象の根元はエネルギーである。東洋的表現としての「気」であり、仏教的に表現すれば、色即是空の「空」のことである。それは物理学でいうプランクの定数hのことであり、宇宙にある多くの粒子の共通な公約数であって、実はこのhこそエネルギーの粒子である。

宇宙における「気」（エネルギー粒子）の集中状態の差異、つまり根元粒子の分布の疎密を、東洋思想に於いては、陰と陽として見ているのである。また、近代科学は、物質の目方を質量で表わし、質量もまた、エネルギーであるとしている。それは集中固定したエネルギーの状態であり、質量（物質）とは、エネルギー粒子hの多数が集中して固定し、振動しなくなったものである。エネルギー粒子の収縮と拡張という働きの繰り返しが「振動」であり、その動きの伝わる速さが光の速度である。光以外の空間を動かし、あらゆる電波、熱線や放射線もエネルギーそのものの動きであって、光の速度に一致することが明らかにされている。

物質現象の究極を完全に把握しようとするならば、物における粒子と波動の二面の観念を、交互に使用しなくてはならない。光は波動であるのと同時に、粒子（光量子）の性質を示すものであり、逆に物質の粒子である電子もまた波動性を持っている。

只ここで注意したいのは、電子は一定のエネルギー値しか持つことが出来ないのに、光子は任意のエネルギーを持つことが出来るという、本質的差異があることである。

生体における物質代謝は、光化学的なものであり、それはこの光子の量子的作用と、電子の運動的効果に結びついているものである。そうしてみると、我われは「空」とか「気」とかで表されているものは、実は量子力学でいう粒子と波動なのであるということが分かって来る。量子は実際的には光子として現わされて来るが、この光子の属している波動は、J・C・マックスウェルの電磁波であり、横波である。

宇宙の天体は、エネルギー粒子の集中した所であり、集中して固定したのが物質である。また集中はしても固定しないのが現象であり、固定しないエネルギーの状態とは、電波、熱線、光線や放射線である。その源は、宇宙空間に満ち満ちたエネルギー粒子の偏差である。この疎と密のエネルギーの集中差によって、陰陽から一つの運動が始まる。それが万字巴であり、渦である。

アメリカの原子物理学者ストロンバーグは「電子は物質界に属してはいるが、その電場は非物質界に属するものと思われる。一つの電子は物質的ではあるが、然しその重力場は、非物質的である」と述べている。けだしあらゆる「もの」には、その構造的二元性がある。東洋ではこれを陰陽とも、天地とも呼んでいる。ストロンバーグは、その二元性を物質的構造性と非物質的構造性と呼んでいる。

東洋哲学（古典自然科学）は、ものの価値を徹底的に「働き」として評価している。それは目に見える世界以前の根元であるミクロの世界の法則を以て、物事を認識している。

我われが「空」であり、「気」として表わしている量子性の粒子構造は、ミクロ（極微）の無限極を示し、反対に分子構造は、ただマクロ（巨大）の重力極を示すものである。そして、実は真の物質代謝反応は、このミクロの無限極の場において推進されているのである。

フランスのルイ・ド・ブロイは「量子なくしては、物質は存在し得ない」と明言している。この物理学的現象上の法則は、生物学的現象の領域に於いても当てはまり、一般に自然の物質代謝過程の本質は、その究極において、光化学的性格のものであると考えても良いのである。故に、人体における生理学的反応にしても、物質代謝過程というものは、それを光化学的反応過程として理解して行くことによってのみ、その本質を正しく把握し得るのである。

生物学的現象もまた、量子化されて行われており、全ての生化学的反応にしても、それは只、生体における一定の量子性反応としてのみ、実現されて行くものである。そして只、光化学的反応の諸系列から成る定常な量子性反応だけが真に安定した反応である。

心霊現象は、理論的には今後、エネルギー量子論を導入することによって、その実態が究明され得ると思われる。何故ならば、神の存在は一つのエネルギー性輻射光線であると仮定され、霊魂の実体は、それ自体が一定の個性を持った光化学的な輻射エネルギーであるとも考えられるからである。神界、霊界の実在を説明する上において、物質界も合わせてその共通の根底は、詰まる所エネルギーの作用である。

現界は一大波動体系であると云われているが、それはその元である非物質界そのものが、エネルギー（現象）の世界であり、そこから物質界が創り出されて来たからである。現界の生成観を旧約聖書の創世記、我が日本の古事記などに拠って考えると、この辺の事情が良く説明される。

それでは大宇宙の目的はなんであろうか。宇宙の現象は変化するが、理法は永劫不変である。理法を遡れば、合理の究極である活ける神に至らざるを得なくなる。現象は消え去りつつあり、本体は進化しつつある。生命発生が結局宇宙の目的であり、理性、徳性の向上した生命の進化こそは、生命自体の目的なのである。

無限空間は無限の物質宇宙を含むと共に、無限の生命世界を持っていることは明らかであって、我われは物質の宇宙に住むと同時に、生命の宇宙に遊泳している事実をも考えあわせるべきである。既に理性あり、徳性あり、自由性ある以上、そこには道徳的責任を生じ、霊魂の独自的個性の永遠存在の哲学的、宗教的意義も発生し来たって、宇宙の目的、人類の目的の意義も明らかになって来るのである。

「生命、それは死である」とは、現代科学が到達した生命に関する結論である。一瞬一瞬死滅（エネルギーの転換）することによって、生命を生き永らえしめているのである。したがって、この世の中に於いて、真実に生きようとするならば、先ず死の実相を明らかに悟らなければならないことになる。正しい死生観が確立すること無しに、人間は何事をも真実には成し得ない訳である。

創造主に依って創り出された宇宙に於いては、時間と空間とは、常に同時に存在する。時間空間の基本的実在は、ヘルマン・ミンコフスキーの四次元時空連続体である。時間と空間との無限体系とは、無限の各点より、無限に曲率放射的関係にある複雑な高次元集積である。創造主が先ず創られるのは、全てのものの根元であり、生命現象の究極的分子であり、それはエネルギーである。現在我われが、創造主が最も初めに創られたもの、最も創造主に近く、エネルギーそのものを形成しているものとして追跡できるものに、電子が在る。電子は多くの場合、原子核と結んで集団を形作り、物質現象の根源を成しているが、量子の概念が輻射の問題に導入され、スペクトルの理論に適用されるに至り、電子もまた、相対論的四次元のものであることが明らかにされた。

八　心霊医学について

人間の不幸の一つに病気がある。病気の大半は医学によって解決されるものであるが、病気の原因は、（一）精神的原因、（二）肉体的原因、（三）精神的原因と肉体的原因の混合したもの、（四）心霊的原因によるもの等、以上四つの原因がある。

現代医学が治療の対象としているものは、（一）から（三）までの原因による病気であるが、（四）の原因によるものは、現代医学の対象となっていない。然し、病気の中には、心霊的原因によって起こる病気も少なくないので、医学で治らないものも沢山ある。

心霊医学は、霊的能力によって、病気を解決しようとするものであるが、医学で治らない病気の原因は、心霊的原因から来ている場合が非常に多いため、そういう人々は、心霊医学によって、その霊障（サイキック・ディスターバンス）を除去すれば、医学上から見て、とうてい治療困難な疾患でも回復させることが出来る。

心霊的原因を解除することによって病気を治す人々を心霊治療家（サイキック・ヒーラー）というが、イギリスなどでは、一般の病院にこの人達が配属されており、治療家（セラピスト）として心霊科を担当しており、ドイツでは、全国約千の病院にこの種の治療家が配属されており、現代医学と共同で治療に当たっている。この心霊医学の原理について簡単に説明しておく。

昔から、人間の細胞には、一種の放射能があることが種々の経験または実験によって知られている。細胞が盛んに活動している時、また弱って死滅する直前には、特にその放射能が強くなると云われている。これはグルビッチ線と呼ばれている。アメリカのオドネール博士は、ある化学薬品よりなる薄い膜により、人体より発する一種の光線を捉える実験をし、臨終の患者に対する実験の結果、息を引き取る時、身体の各部より青白色の光が一時に燃え出し、瞬時に消え失せ、その後死体より何ら光を見出すことが出来なかったと報告している。

イギリスのキルナー博士は、ロンドンのセント・トーマス病院に勤務しているが、心霊研究に志して、デシヤマンと称する塗料をコールタールの中より発見し、これをアルコールに溶かして、ガラス器に入れ、この液体レンズを透して人体を観察する時、濃紫色の放射光線が認められ、その濃度状態の一部を撮影することが出来ると報告している。一部の人々は、これ等の放射線または光線を古代ローマのアウラ、あるいは釈迦やキリストの後光とみなし、グリモス（米国）は、それを生物電気と云い、F・A・メスメル（ドイツ）は、これを動物磁気と呼んでいる。近代の科学実験により、生物には静的及び動的電気発生現象があることが判明した。

人体を含めて、生物はこれを生化学上からみると、種々の電解質溶液と、膠質溶液との混和物であるけれども、電気的には微細蓄電器と抵抗体との極めて複雑な結合体である。人体に於いては、イオン活性即ち電気活性であり、生体精気の究極は電気的なものである。例えば、神経作用の化学的過程と神経機能に伴う電気現象との間には、並行的関係が存在する。したがって、人体に対して、電気的変動または電波的刺激を加えれば、結局は生体のイオン変化を生ずることになる。

さて、人間は毛髪、皮膚、手足などで、大地と大気との電圧を調整している。気候の変わり目などには、人間の電圧と大気の電圧とが相当に変わってくる。大気中の電気イオンが多くなると、毛髪や皮膚（末梢）から、人体内部（中枢）に対して蓄電を促す為、それがストレスとなり、体内電子の普遍的活動を高めることになる。気候の変わり目には、空気中の電圧、即ち陽イオンが空気中に増加する。つまり人体の電気が外界の電気と同電位になって、人体から放電するため、体内電子の活動が阻害されることになる。そのため多くの病人、特に高血圧や喘息、神経痛などの人々は不快感を訴えることになる。

人間にも以上の様に、体内電子が活動して、我われはこれを念波（電磁波）として、他に伝送することが出来る。その場合、我われの念力は電波となって空中を伝播する訳である。勿論、これには良い念波と悪い念波（これは波長の違いによって表わされる）がある。例えば、ある人に対して悪い念波を送った場合、それは相手の人に対してマイナスの作用を起こす結果になる。「人から恨まれる」ことが、決して良い結果を齎さないのも、この理由による。勿論このような場合、恨みの念波を送る人自身、それ自体が既に良くないので、恨む本人も決して良い結果とはならない。「人を呪わば穴二つ」というのは、このことである。

反対に他人から喜ばれることは、右の理から言っても当然良い結果を生むことになる。殊に現界にいる肉体を持った霊魂、即ち人間に於いてよりも、想念の世界に住む幽体を持った霊魂の方が他に対して大きな影響を与えるものである。それは現界人は物質の世界に住むからであるが、霊界人は時間と空間を超越した念波だけの生活を営んでいるからである。

それでは、どんな人が遠方に伝送される念波を感じやすいかと言うと、（一）勘の鋭い人、（二）神経質な人、（三）瘠せている人、（四）菜食主義の人、（五）霊感の多少ある人、などである。反対に感応をなかなか生じない場合は、（一）生来鈍感な人、（二）長く電気治療を受けたり、酒類を多く飲用する人、（三）筋肉組織が発達している人、（四）日本人で肉食を中心にしている人、（五）薬を多用している人、（六）霊感の殆どない人、などである。

最後にそれでは、心霊医学はいったいどのように病気に有効であるかと言うと、「効率」の問題を不問にすれば、殆どあらゆる病気に効くと言える。ただ実際問題として「医師に見放された病人」が、最後の希望を持って、これを受ける場合が多い訳である。

病気は肉体的、精神的並びに心霊的原因の何れかによって起こるものであるから、若しその原因が心霊的なものから来ていれば、その霊障を取れば自然に回復するのは理の当然である。然し、心霊的原因により、やはり治りやすいのと、治り難い病気があることは経験上事実である。

九　心霊医学の理論と量子力学的根拠

心霊医学には、直接療法と遠隔療法の二つの方法がある。ここでは直接療法の説明をする。

直接療法に於いては、施術者が被術者に直接指掌を当てることによって、電磁力を被術者に充電してやることである。これは原始的医学形態の典型的なものであり、人間の最も本質的な治療法の一つである。我われは今日でも「手当て」という言葉を使う様に、昔から自分の指掌で、本能的な生命力を利用して、悪いところに手を当てて癒したのである。身体の何処かに具合の悪い所があると、本能的にその部分に手が行くのは、その様な理由によるものである。

人間の手には、一般にマイナスの電気が有る。この先端の指先で神経や筋肉、臓器等の患部を押して行くと、そのマイナスイオンに反応して、体内にはプラスイオンが活動し出す。プラスイオンの代表的なものがカルシウムであるから、したがって活性のカルシウムイオンが増え、それでアシドーシス（酸血症）も解消し、疾患が癒されて行くという訳である。

人体にも、電圧の高い所と、電圧の低い所がある。それ故に電流が流れるのである。人体のある部分で細胞活動が阻害された時（病気）、その局部の電圧は低くなる。故にそこに指掌を当てて、電圧を高くしてやる訳である。人体では、心臓を中心として、左手及び左足が電圧が低く、右手が最も電圧が高いのである。右手の指先または手掌から出る電気は、急速な振動を有する電波の様なものである。それで右手の指掌で身体中の電圧の低い所（電子不足）に人体電気を送って、細胞内の電子運動を盛んにする訳である。

日本の古い言葉で「手」の事を「くし」という。「くしび」とは、「神秘な力」という意味に用いられるが、この「くし」から出る「ひ」（霊）、即ち手先から出る不思議な力を持った霊波のことを、昔の日本の人々は経験的に知っていたのである。ちなみに「くすり」（薬）の語源もこの「くし」から出たもので、「病気を癒やす不思議な力を持ったもの」という意味である。

また、これらを人体磁気の原理によって説明することも出来る。

太陽も地球も大型磁石の一つであり、地球上の生物は皆、磁力の影響を受けている。勿論人体も一種の磁石であり、ヨガなどでは、病気の大多数は身体磁極（人間磁性）の不平衡から起こると主張している。人体には常に微弱な電流（一万分の一アンペア）が流れており、それに体液は常にミネラルを含み、それが電離してイオン状になって働いているから、磁気は確かに人体に多分の影響を与えることになる。

さて、単なる物質的な電磁波の人体に対する生理的作用は、部分的な単位に限られることが多いけれども、脳細胞から来る生命光線ともいうべき人体放射線（ミトロゼネティック・レイ）に印象された精神念波を、人体の神経通路の全体に運ぶことによって、思想精神通りの治療効果を上げることが出来る。勿論施術者にそれだけの肉体的修練が無ければ不可能であるし、思想精神が不純不徹底でも駄目である。つまり物理的な電磁波は、生理学的にその放射を受ける局部に対して極めて有効に働くが、人体の思想精神（念波）によって発動された電磁力は、単に生理学的のみならず、心理学的な面に於いても、その治療は効果を発揮する。

要するに、人体の生命エネルギーに直接影響を与え得るものは、放射線エネルギーであり、ことに短波振動は、細胞内媒質の変化に対してのみならず、細胞核の生命エネルギーに直接作用する。人間生体の色々の生命現象の様相を反映して行く上に於いて、自律神経系の方が直接的であり、敏感な反応を示す。これらの神経組織の構造は、腔腸動物の散漫神経系と同じく、神経網様装置から成り立っている。

さて、右の神経網様装置が集積して、所謂体内におけるエネルギーの変換中枢を成しているのであるが、それらが、ある一つの輻射線（心霊治療家の指掌または、眉間から出る念波）によって、射突されると、それはその輻射線の振動に共鳴して行く訳であるが、これは全く自発的にそうして行くのである。

この様な変換中枢ともいうべきチャクラ（生理学的には神経節）の自発性反応は、生命エネルギー、代謝エネルギー、毒素性輻射、あるいは毒性核のいずれに対しても、起こり得るものである。この反応が何を意味するかと言うと、それは根源的な自然治癒能の過程を意味し、また生体の自己防衛反応を示すものである。病的な毒性輻射は、この変換中枢を通過することによって再生され、正常な輻射となって行くのである。要するに、それは体内の病的な輻射エネルギーに作用して、その毒性エネルギーを捕縛して変形し、さらにそれを正調化して行く。

私どもの見解では、心霊治療干渉効果は、自発性の自然治癒能を誘発的に増大して行くものである。所謂チャクラは、エネルギーの活性化中枢に外ならず、それは共鳴及び内分泌腺現象を呼び起こし、量子エネルギー値を具えている。輻射の活性化作用に即応して、自発的に反応して行く中枢である。

心霊治療家の指掌から出る人体放射線のエネルギーが、この活性化中枢を直接又は間接的に攻撃した場合、若し心霊治療家の指掌に軽い圧迫感や痺れ感、あるいは痛みが感ぜられれば、それはこの中枢が、一定の病理的輻射によって励起され、しかも自発的活動によって、その状態から離脱しようとしている証拠と診て良いと思われる。その激しさの程度は、病理的輻射の活性化の強度と、その中枢の反応によって決まる。

最近では、物質分子の非物質化が立証されているが、「陽性電荷の電子が陰性電荷の電子に衝突すると、前者は後者の中に吸収され、光子またはエネルギー量子の形の輻射エネルギーに変換してしまう」ことも証明されている。そして、心霊治療に於ける念波の輻射エネルギーの作用も、この様な立場から量子エネルギーの作用として考えられることになる。ついでながら生体（人間）にとって、ただミクロの粒子的波動作用（心霊治療による念波作用のごとき）だけが、真にそれに適合する同調性を持つものであると言える。反対に一般化学反応に規準をおいたマクロ的な分子性の薬を使う治療法、光化学的反応を生ぜしめ得るような極微小化された薬を使用しない治療法は、全て本質的には生体の生命力を助長する治療法とは言えない。要するにそれらは飽くまで一時的な対症療法としての意味しか持っていないと言えよう。

十　遠隔療法の原理と神経制御装置

我われの念力は、電波として他へ伝送することが出来ることは、既に述べた通りである。それは、人体の電気は交流でも直流でもなく、急速な振動を持つ高周波電流の一種であり、一種の電波であり、振動であり、誘導電流である。但し、物理的な単なる高周波電流でもないことは明らかであるが、人体は六次元の導体であるから、従来の電磁気学の理論だけでは解明出来ない所があるので、これは今後の研究に待たなければならない。

遠隔療法の場合、我われが神霊に対して祈念することによって、その偉大な電磁波が空中を伝播し、我われの思想精神によって決められた被術者に達し、それが本人の体内電子の活動を促進する。電子の振動周波数と干渉を起こすような高周波振動で、電子振動を止めると、細胞は死滅する。両者の振動数が一致または共鳴すると、電子振動は増幅されて、細胞は刺激される。つまり、強力な発信源からの神霊による電波を送ることによって、被術者の細胞が共鳴現象を起こして、この聖波に同調共振する訳である。

例えば無線電信は、お互いが発信機と受信機を持っていれば、その通信が可能であるのと同様に、人体自身が発信および受信の装置を具えているのであるから、肉眼では見えない空間に於いても、それは可能である。

人間が生きていること自体、それは発信及び受信のスイッチを入れてあることになり、我われは四六時中、色々な種類の念波＝電波（ストレス）を受けて、それが皮膚（アンテナ・コイル）の中に入って来る。

遠隔療法では、電磁波を念波として、被術者の皮膚に与えて、その電気活動を増強し、内部に向かって電気を誘導せしめ、そしてその付近の細胞内電子の活動を盛んにする。皮膚は同調コイルであり、皮膚の上皮組織中に分布している自律神経線維の微細な終末網は、全て感応コイルの様な役目を果たし、臓器はコンデンサーとなっている。そして臓器の蓄電量に応じて、それに対応する波長の念波（ストレス）が入って来るものと考えて良いであろう。

生体を構成する細胞の電気的振動が、強力な宇宙的輻射エネルギーに共鳴することによって、細胞はそのエネルギーを吸収し、自体の振動エネルギーとして活用する。即ち、共鳴点を消失している細胞群に（病人はこの状態にある）、念波を送って、振動刺激作用を施すと、細胞は再び正常な電気振動機能を回復して、そのエネルギーを回復することが出来る。その神霊から発する電磁波は、絶大なエネルギーと偉大な透過力を持っている。

これを最近の理論物理学であるエネルギー量子理論の体系たる量子力学の原理に従って考えてみると、神霊から発した宇宙的輻射エネルギーは、勿論種々の異なった単色光波の混合によって成り立っている波動群（連合波）である。人体はそれをそのまま、自己の生命エネルギーとして活用することは出来ず、人体にはそれらを変換して、自らの活動の原動力とする装置が具わっている。そのエネルギー変換中枢をヨガでは「チャクラ」と呼んでいるが、医学的には内分泌腺及び神経節である。そして、宇宙的輻射エネルギーは皮膚に達し、それが人体エネルギーの中間的媒介装置である変換中枢を爆撃することによって、その中枢分子を活性化または非活性化し、その結果、その分子から一定の輻射エネルギーを解離させて行く。これが即ち生命エネルギーである。

この場合、皮膚及び人体の末梢部は重要な役割を果たす。その作用の本体は自律神経系に外ならない。特に、末梢性自律神経系は一括して、その全体が他の全神経に対してエネルギー発生器としての役割を果たしている。ここで皮膚と言ったのは、その中に含まれている自律神経の、特殊な多方向性の刺激伝導網の作用のことである。電位効果を伴って発現する組織緊張の大部分は、全て人体の皮膚、筋肉や腺の中に発生するが、この様に組織緊張に伴って生ずる電位効果により、皮膚における神経終末部の刺激伝導系が形成されている。

人体に於いて、特に発電の性質の著しいのは、筋、神経及び種々の上皮組織である。即ち、皮膚が重要な役割を演ずるというのは、医学的には、マッケンジー原理（内臓皮膚反射）、同逆原理及び体内諸部相関反射（内臓間反射）、ヘッド氏帯、自律神経二重支配法則、ハンス・セリエ博士（カナダ）の汎適応症候群反射機転によってである。

先に述べたように、宇宙エネルギーを変換して、我われは生命エネルギーとするが、それが代謝エネルギーであり、所謂新陳代謝として現わされる。生命エネルギーは、遊離エネルギーとして、チャクラによって各器官の細胞に配分されて行く。人体に於いて、その中間物質代謝が正しく行われていたならば、何時でも、この様な代謝性光学的エネルギー（人体放射能）は、神経系を通じて循環し、あらゆる単位細胞に対して、そのエネルギーを供与して行く。そして、細胞という一つの舞台（小宇宙）の中で、血液を通じて持ち込まれる代謝性物質（食物からの栄養、物質的なもの）と、生命神経系を通じて齎される光学的輻射（生命エネルギー）とが、衝突することになる。この衝突によって細胞内の酵素が爆発し、その活性化と非活性化とに応じて、一定の代謝エネルギーが放出されて行く。生命エネルギーは、人体の各器官を活性化し、その器官の機能的役割を遂行させて行く動力になっているのである。

要するに、器官に対する生命エネルギーの作用は、光エネルギー性のものであり、また、物質的代謝は光化学性のものであると共に、それは光子の量子的作用と、電子の運動的効果に結びついているものであると言える。

一般に、自然の物質代謝過程の本質は、その根底に於いて光化学的性格のものであると考えられる。

例えば、ある一つの毒素が有害であるということは、その有毒物質の物理化学的構造のためではなく、その物質核から放射される輻射によるものである。毒素は、その輻射によって作用して行くものであり、当然それは、光化学的な放射性のものである。便秘の毒素とか、酸性血液による毒素とかがそれである。この様な毒性輻射が物質代謝過程の円滑さを阻害して、非リズム的な病性の代謝エネルギーを派生して行く。

霊障があって人が病気になる場合、霊魂の存在自体が一つの輻射エネルギーであり、その毒性輻射が人体の生物的運動均斉を乱す訳である。そして、そこから出る病性の輻射は、その基質単位が既に荷電を有していないので、もはや分散相たる体液中に於いて、浮遊して行くことが出来なくなる。この様な毒性輻射を神霊からの宇宙的輻射エネルギーから変換された生命エネルギーが、チャクラを通じてそれに共鳴し、捕縛してしまう訳である。勿論毒性輻射がそれを通り越してしまうこともある。それは毒素にも色々な種類があり、心霊治療家による念波にも様々な波長があるから、この適不適のために、その様な結果が起こる訳である。

この様な場合には、所謂治りが遅いか、効果が無いことになる。

個性的な輻射エネルギーが存在するのは、エネルギー論から言えば、量子はいつも光の姿を取って現われて来る。量子のエネルギーは、その量子が属している波動の振動数に比例して決まる訳であるが、量子がこの様に種々異なった（個性的）振動数を持ち得ることが、その波動群の多様性の元になっている。そして、その波動が、個性的神霊のエネルギー性輻射光線や、人間の霊魂の本位と云われる人体放射線（ミトロゼネティック・レイ）という体内光線を形作っている訳である。個々の神霊的生命における生命エネルギー因子の全ては、それぞれ一定の量子のエネルギー値に従って活動している。この量子のエネルギー値が、それぞれの個性的生命体の特殊性を作りだしているのである。

右は、心霊治療の原理について、ジャック・カルマー博士（仏）の「物理的刺激の作用効果及びメカニズムに関するエネルギー論考察」という論文の骨子を参考にして、心霊治療の作用機序について、これを最新のエネルギー量子理論の立場から論じたものである。

著者略歴

「幽玄の世界」
—神道の真髄を探る—追補版

鴨志田《かもしだ》 恒世《つねよ》

大正 11 年 8 月 6 日　茨城県日立市に誕生される。
昭和 22 年　東京医科歯科大学卒業
昭和 23 年　東京大学医学部選科卒業
昭和 24 年　日立市に歯科診療所を開設
昭和 26 年　法政大学文学部哲学科卒業
昭和 31 年　東京大学医科学研究所入所
昭和 35 年　東京大学より医学博士号を受領
昭和 43 年　社会教育団体わたつみ友の会会長に就任
昭和 48 年　東京新宿に太陽歯科医院を開設
昭和 62 年 9 月 4 日　逝去される。

先生は、日本最古の古典である古事記の神々の世界は、実在の世界である事を明らかにされ、理性以上の能力である叡智（霊性）が古代から我が国に連綿として伝えられており、それを伝統的日本の霊性と呼ばれて、日本の生え抜きの純粋な心である神道の真髄であると説かれた。

そして、神いますことの証として、天与の叡智以上の卓越した精神的能力と、人間に対する限りない慈愛を以て、不治の病を癒し、極めて深刻な人生の苦悩を解決に導き、多くの奇蹟的事実を示された。

また、「わたつみ友の会」を通じて、日本人が悠久の時を経て培って来た神道の思想を生活原理として、十か条の生活綱領を提示され、日常の実生活に密着しながら、心の進化向上、真実の愛を身に付ける為の実践を強く促され、貴賤賢愚に関わらず人間に予約賦与され、人間を真の実存に導く叡智（霊性）への階段を昇ることを生涯に亘って訴え続けられた。

著書として、「“愛” の創造」「深層心理の世界」「幽玄の世界」があり、遺作として「日常生活における深層心理の影響」「生活綱領解説」「天音」「歌集わたつみ」「鴨志田恒世全著作集」等がある。

幽玄の世界　神道の真髄を探る－追補版

2020年4月13日 第1刷発行
著　者　鴨志田 恒世
発行人　大杉　剛
発行所　株式会社 風詠社
〒553-0001 大阪市福島区海老江 5-2-2
大拓ビル 5 - 7 階
TEL 06（6136）8657 https://fueisha.com/
発売元　株式会社 星雲社
（共同出版社・流通責任出版社）
〒112-0005 東京都文京区水道 1-3-30
TEL 03（3868）3275
企画・制作　NPO法人わたつみ友の会
〒317-0071 茨城県日立市鹿島町 1-1-15
TEL 0294（21）1408
http://www.watatsumitomonokai.org/
印刷・製本　シナノ印刷株式会社

ISBN978-4-434-27378-0 C0014

鴨志田 恒世 著作集

著者はその全生涯を通じての自然科学、哲学、宗教の分野における血の滲むような研鑽、厳しい肉体的修練と、天与の卓越した精神的能力によって齎された、人類史始まって以来の命題、「人間とは何か」、「人間の生きる意義と目的」を究明し、全く新しい画期的人間観を確立した。

そして其の考え方、思想、生活の在り方を普及啓発する為、昭和四十三年に組織された社会教育団体「わたつみ友の会」の会長として、現在のＮＰＯ法人を通じて、「人間存在の価値」、なかんずく「日本人としての真の生き方」、日本の伝統文化の価値観に基づく「人間の本当の幸せとは何か」を、論文、講演により一貫して活発な社会啓発活動を展開した。

更に著者がこよなく日本を愛し、人間に対する比類の無い深い愛情と、大いなる慈悲心を以って、不治の病を癒し、人生の極めて深刻な苦悩を抱えた人々を幸せに導き、多くの奇蹟的事実を示されると共に、あらゆる機会を通じて、其の思想と生活のあり方の普及に努められ、昼夜を分かたぬ社会啓発活動と、地上楽園の実現のために其の全生涯を捧げ尽された記録でもあります。

時代の潮流に流されず、日本国の安寧と世界の平和を願い、人生を真剣に真実に生きようとされておられる諸兄姉に、是非ご一読いただきたい著作集であります。

〝愛〟の創造　希望の精神革命をめざして

奇蹟的事実は私達に何を語りかけるのか！

人間の本質は〝愛〟であると宣言し、現代社会の人々を捉えて離さない絶望的不安を解消して、救いの道を示唆する真の人間性の回復の書。

Ｂ６判　一二〇〇円（税込）

〝愛〟の創造　希望の精神革命をめざして（同名の新書版）

日本図書館協会選定図書（社会科学分野）！

本書は失われた人間性の恢復を目指し、新しい人間像をうきぼりにすることによって、生命至上主義の思想を高らかに掲げようとするものである。

新書判　一二〇〇円（税込）

深層心理の世界　人間性の回復をめざして

私達の運命をも左右する心の深層とは！

私達が意識している心とは、心の広大な領域のほんの一角であり、ほとんどが意識されない領域である。そして、我々の人生の歩みを決定付けているものである。その心の神秘を解き明かす。

B6判　一二〇〇円（税込）

幽玄の世界　神道の真髄を探る

伝統的日本の霊性とはいかなるものか！

新しい世紀に入っても依然、環境破壊が進み、世界中で争いが絶えない中、伝統的日本の霊性に隠された叡智が人間存在の根拠と、そこに付託された使命を明らかにして、来るべき未来を切り開く、未来を予見する書。

B6判初版　一二〇〇円（税込）　B6判復刻版　一四〇〇円（税込）

歌集　わたつみ

幽玄の世界を詠う和歌四十四編を掲載！

日本中の由緒ある神宮、神社をご参拝の折々に、「白鳥彦」の雅号を以て詠まれた和歌を機関紙「わたつみ」に掲載したものをまとめたものであり、私達が窺い知る事のできない幽玄の世界の実相をこともなげに詠われている。

B5判　上製本　二六〇〇円（税込）

天音

「天音」五十九編を掲載！

「天音」とは、機関紙「わたつみ」の各号巻頭に「天音」として百二十八文字に込められた天の声をまとめたものであり、深遠な真理の言葉である。常に携帯して人生の指標とすべきものである。

変形携帯版　八〇〇円（税込）

生活綱領解説

人間として日本人としての行動の規範、目標である「生活綱領十箇条」を解説した人生の道標の書！

機関紙「わたつみ」に掲載したものを一冊の書にまとめたものであり、身近な日常生活の中での実践を通して、私達を人間なかんずく真の日本人に導くための実践の書。

B6判ハードカバー　二〇〇〇円（税込）

日常生活に及ぼす深層心理

深層意識が我々の人生の歩みを決定付けている！

深層心理が日常生活に具体的にどのような影響を及ぼしているのかを具体例を以て示し、人生の苦悩を解決し、幸福へ導く処方箋を教示する書。この著作は機関紙「わたつみ」に継続掲載した論文「日常生活に及ぼす深層心理の影響」をまとめたものである。

B6判ハードカバー　二〇〇〇円（税込）

以下の著書は、伝統的日本の心に万人が求めて止まない真の幸福と自由を獲得する道があるとして、私達の心を捉えて放さない不安と自己破壊的衝動を再生命化して、明るく充実した人生を送るための画期的啓発の書である。

鴨志田恒世全著作集（第一集～第八集＋補集＋補巻）

わたつみ友の会創立四十周年記念事業として、機関紙「わたつみ」に掲載された六十数回に亘る精神文化講演会での本会会長鴨志田恒世先生の講演録及び「日本のこころ」、折々の論文、「生活綱領解説」「天音」をも合わせて網羅しまとめたものである。

新書判　各九八〇円（税込）

幸福への探求　日常生活に及ぼす深層心理の影響

鴨志田恒世 全著作集「補巻」として発刊！

本書は、平成八年に発刊された同名の新書版である。この著作は、日常の生活をする中でのより具体的事例を取り上げ、深層の意識が実生活に如何に影響を及ぼしているかを明らかにして、その歪みの原因を究明して、更にその歪みを是正する方法を私達に教示している。

新書判九八〇円（税込）